프랑스어를 위한 컴퓨터 도구와 언어자원

프랑스어를 위한 컴퓨터 도구와 언어자원

브누아 아베르 지음

Benoît Habert

손 현 정 옮김

역락

인터넷에서 신문을 읽고 라디오 방송을 듣고 강의에 참여하는 것이나, 문학 작품, 학술논문, 박사학위논문, 증언 자료 등에 대한 디지털 접근 방식에서 볼 수 있듯이, 프랑스어로 말하고 쓰는 것은 점점 더 많이 디지털화되고 있다.

이 책에서 자세히 설명할 디지털 형태의 새로운 언어자원들은 프랑스어의 기술 조건을 변화시키고 있다. 또한 이 자원들은 많은 학문 분야(텍스트에 대한 문학적 연구, 역사학적 분석, ...)에서 연구에 대한 시각을 변화시켰다. 이 책은 디지털 언어자원에 대해 사용할 수 있는 컴퓨터 도구들을 소개할 것이다. 짧지만 현실적인 예문을 사용하여 이 도구들을 시험해 볼 것이고, 이를 통해 오늘날 이 도구들에게 기대할 수 있는 성능과 결과물에 대한 분명한 생각을 제시할 것이다.

컴퓨터 도구들은 '원시' 텍스트를 풍부하게 만들어 준다. 이를 통해 컴퓨터 도구들은 관찰과 분석의 조건까지 변화시킨다. 하나의 단어가 실현된 다양한 경우들을 규범에 맞는 형태로 기술하면 그 단어에 대한 연구나 이와 관련된 개념에 대한 연구를 용이하게 만들 수 있다. 또한, 구어의 전사 환경은 전사 문과 소리 신호의 연결 관계를 유지시켜준다(그리하여 텍스트 안에서 구문, 단어, 담화 표지어 등 특정 현상을 검색할 수 있고, 그 현상이 음성적으로 실현된 결과를 다시 들을 수 있다).

이 새로운 작업 도구들을 충분히 활용하기 위해서는 이들을 사용할 때 제기되는 실질적인 문제들을 이해하고 해결하는 것이 필요하다. 이것은 또한, 구축된 데이터와 이들의 처리 과정에서 데이터 축적에 유리한 방법을 생각해 보는 것과 같은 방법론적 고찰을 가정한다. 이 책은 디지털화된 프랑스어와 (구어 또는 문어로 된) 디지털 담화들을 접하고 있는 모든 사람들에게, 이러한 실질적이고 방법론적인 질문들에 대한 명쾌한 대답을 가져다 줄 수 있을 것이다.

역자 서문

컴퓨터를 활용하여 언어학을 연구한 지 어느덧 10년이 넘었습니다. 저는 컴퓨터 언어학의 마지막 단계라 할 수 있는 의미와 담화 처리로부터 공부를 시작한 탓에, 컴퓨터를 이용해서 할 수 있는 운율 분석, 형태소 분석, 통사 분석 등을 거슬러 올라가며 공부하느라 한참 동안 애를 먹었습니다. 어디에 무엇이 있는지, 어디서부터 시작해야 하는지, 어떻게 활용해야 하는지, 이런 걸 한 번에 알려주는 좋은 '길잡이'가 있었으면 좋겠다고 생각하던 차에, 이 책을 만나게 되었습니다. 이 책을 좀 더 일찍 만났더라면, 저의 학문적 방황이 덜 고단하지 않았을까 생각해 봅니다. 이 책은 소리 현상, 단어, 문장, 구어 및 문어 담화(텍스트) 등 다양한 언어 층위에서 활용할 수 있는 기본적인 소프트웨어와 언어자원을 소개하고, 이들을 사용하여 수행할 수 있는 언어학적 분석과 이에 대한 전망을 제시하고 있습니다.

4차 산업혁명을 눈앞에 두고 있는 오늘날, 컴퓨터를 활용한 언어학은 머지 않아 선택이 아닌 필수가 될 것입니다. 이 책은 컴퓨터를 활용하여 언어를 연구하고자 하는 인문학도와 인문학 연구자들에게 훌륭한 참고서가 될 수 있으리라 생각합니다. 또한, 기계번역이나 구어 자동 처리와 같은 언어학의 산업적 활용을 꿈꾸는 연구자들에겐 좋은 기초자료가 될 수 있을 것입니다.

번역에 임하면서 프랑스어 표현을 문자 그대로 옮기기 보다는 내용을 정확하게 전달하려고 노력했습니다. 그리고 API, TLFI, XML처럼 널리 쓰이는 약어는 번역하지 않고 그대로 두었습니다. 부족함이 많은 번역이지만 이 책이 여러분의 학문적 발전에 도움이 되길 바랍니다.

옮긴이 손현정

차 례

역자서문 / 5

서 론 • 13

도구를 가진 언어학 ……………………………………………………… 13
규범 ……………………………………………………………………… 16
언어처리 소프트웨어와 언어자원 사용하기 ……………………… 17
역사 ……………………………………………………………………… 21
차례 ……………………………………………………………………… 23

제1장 주석 도구와 주석 자료 • 25

1. 반복되는 시 예문 : 골짜기에 잠들어 있는 사람(Le Dormeur du Val) … 25
2. 전형적인 주석 과정 : 형태소 분석과 레마 분석 ……………… 27
3. 상이한 수준의 주석 ………………………………………………… 30

제2장 주석, 선택의 문제 • 45

1. 혼합 주석 / 고립 주석 ……………………………………………… 45
2. 개별 주석 형식 대 표준 규범 ……………………………………… 49
3. 불완전한 도구들 ……………………………………………………… 53
4. 언어처리 소프트웨어들을 아는 것과 수정하는 것 ……………… 55

제3장 텍스트 • 59

1. 텍스트 베이스와 '무료' 텍스트 ……………………………… 59
2. 문장 주석 ……………………………………………………… 64
3. 텍스트 주석 …………………………………………………… 70

제4장 구어 • 75

1. 말뭉치와 언어자원 …………………………………………… 76
2. 수동으로 전사하고 분석하기 ……………………………… 78
3. 구어의 형태소 분석 ………………………………………… 83
4. 전사량 늘리기 ………………………………………………… 85

제5장 단어 • 87

1. 사전의 혁신 …………………………………………………… 87
2. 상용어 사전 …………………………………………………… 90
3. 전문용어 ……………………………………………………… 97
4. 문맥 안에 위치한 단어들 …………………………………… 99
5. 의미 사전 ……………………………………………………… 102

제6장 프랑스어의 주변 • 107

1. 몸짓과 이미지 ……………………………………………… 107
2. 프랑스어와 역사 …………………………………………… 109
3. 프랑스의 프랑스어와 다른 지역의 프랑스어 ……………… 110
4. 프랑스어와 다른 언어들 …………………………………… 112

제7장 언어처리 소프트웨어와 언어자원 사용하기 • 117

1. 설치 ………………………………………………………… 117
2. 전처리/후처리/연동 ……………………………………… 119
3. 주석 활용 …………………………………………………… 124
4. 오피스용 소프트웨어의 '도구 상자' ……………………… 127
5. 문자의 문제 ………………………………………………… 130
6. 공유와 변환을 위한 표준화 ……………………………… 134
7. 소프트웨어와 언어자원을 조합하기 …………………… 140

제8장 컴퓨터 도구를 활용한 언어학 방법론 • 147

1. 자료 축적을 위한 표준화 ………………………………………… 147
2. 문서화하기 : 메타데이터 ………………………………………… 150
3. 주석된 데이터들의 의미를 이해하기 …………………………… 161

결 론 • 164

어휘사전 …………………………………………………………… 169
관련링크 …………………………………………………………… 171
참고문헌 소개 ……………………………………………………… 173
참고문헌 …………………………………………………………… 181
찾아보기 …………………………………………………………… 183

표 차례

<표 1>　골짜기에 잠들어 있는 사람(Le Dormeur du Val) ································ 26

<표 2>　시 예문을 [→플램(Flemm)/데리프(Derif)]로 분석한 결과(일부 발췌) ·· 31

<표 3>　시 예문 : [→생텍스(Syntex)]가 생성한 의존 관계(일부 발췌) ·········· 33

<표 4>　메트로미터에서 분석한 시 예문(첫째 행) ······································· 35

<표 5>　[→코르디알(Cordial)]의 형태소 분석 결과(시작) ······························ 38

<표 6>　[→코르디알(Cordial)]의 형태소 분석 결과(끝) ······························· 39

<표 7>　[→트리태거(Treetagger)]의 형태소 분석 결과 ······························· 40

<표 8>　[→코르디알(Cordial)]과 [→트리태거(Treetagger)]의 주석 비교 ·········· 41

<표 9>　시 예문 구조를 [→TEI]로 주석하기 ·· 44

<표 10> 주석 그래프로 표현한 시 예문의 제목 ·· 48

<표 11> 주석 그래프로 표현한 [→트랜스크라이버(Transcriber)]의 분석 결과 ·· 49

<표 12> [→XCES] 형식에 따라 [→코르디알(Cordial)]이 분석한 시 예문 ········ 52

<표 13> [→코르디알(Cordial)]과 [→트리태거(Treetagger)] 조합하기 ··············· 56

<표 14> '문장'으로 표현한 시 예문 ··· 57

<표 15> [→코르디알(Cordial)]과 시 예문의 두 개 버전 ······························· 57

<표 16> 시 예문 : [→렉시크(Lexique)]의 표제어 ······································ 95

<표 17> [→생텍스(Syntex)]의 관계들로부터 정보 추출하기 ························· 128

<표 18> 테이블 간의 관계 맺기 ·· 129

그림 차례

[그림 1] [→트랜스크라이버(Transcriber)]로 분석한 시 예문 ································ 36

[그림 2] 시 예문의 [→TEI]식 표현 : 상자형 ·································· 42

[그림 3] 시 예문의 [→TEI]식 표현 : 나무형 ·································· 43

[그림 4] 시 예문 14행 통사 분석 수형도와 기능 관계 ······················ 67

[그림 5] 시 예문 : 공지시 주석(5행-8행) ···································· 73

[그림 6] 시 예문(발췌 부분)을 [→프랏(Praat)]을 사용하여

음소/음절/단어로 분석한 결과 ·· 81

[그림 7] [→유니텍스(Unitex)]가 분석한 시 예문 8행 ······················· 93

[그림 8] 시 예문 : 첫 부분과 인터넷 영어 번역문 ·························· 115

[그림 9] [→TEI]로 표현한 시 예문(확장된 버전) ·························· 142

[그림 10] 시 예문 : 문장으로 표현된 시행과 음절로 표현된 단어의 불일치 ·· 143

[그림 11] 시 예문 : 좌표 체계로서의 XML 수형도 ·························· 144

[그림 12] 시 예문 : [→TEI]를 HTML로 변형시키기 ························ 145

[그림 13] 시 예문 : [→TEI]를 HTML로 변형시키기(결과) ·················· 146

[그림 14] 시 예문 : 4행의 aval(복사본) ····································· 152

[그림 15] 시 예문 : 필사본 4행-5행(복사본) ································ 152

[그림 16] 시 예문 : [→RDF]로 쓴 메타데이터 ······························ 159

서론

도구를 가진 언어학

많은 언어학 연구는 심리언어학, 음성학과 음운론을 제외하면 특별한 도구를 가정하지 않는다. 적어도 오늘날까지는 일반적으로 그렇게 생각해 왔다. 그러나 인터넷의 출현과 함께, 십여 년 전부터 관찰 가능성과 자료에 대한 분석 조건들을 변화시킨 도구 소프트웨어와 언어처리 소프트웨어, 그리고 언어자원(ressources)이 늘어나면서 이러한 상황은 크게 변화하였다. 도구가 필요 없는 언어학과 함께, 도구를 가진 언어학이 확실하게 자리를 잡게 된 것이다.

이 책은 자세하고 명확한 예문이 뒤따르는 분석에서부터 시작하여, 현재 프랑스어에 대해 사용할 수 있는 언어처리 도구와 언어자원을 소개할 것이다. 이 책은 도구나 자료의 성격에 따라(문어, 구어, 어휘, ……) 현재로서 기대할 수 있는 성능에 대해 어느 정도 감을 잡을 수 있게 할 것이다. 또한 새로운 작업 도구들을 실행시킬 때 만나게 되는 실제적인 문제들을 다룰 것이며, 이 문제들을 해결하는 데 현재까지 사용되어 온 방법들을 소개할 것이다. 마지막으로 이 책에서는 방법론에 대한 의견을 제시할 것이다. 이때는 언어 모형화(modélisation)보다는 언어 기술(description)을 중심으로 이야기할 것이다.

우선 용어부터 정의하자. 언어처리 소프트웨어는 언어 데이터(텍스트나 구어로 된 자료이거나 하나의 어휘)를 입력 받아 이것을 자동으로, 반자동으로 또는 수동으로 변형시킨(달리 말하면, 주석 정보가 추가된) 데이터를 돌려주는 소프트웨어를 가리킨다. 형태소 분석기가 한 예이다. 형태소 분석기는 원시 상태의 텍스트를 입력 받아 형태소 분석이 된 텍스트를 돌려준다. 즉, 텍스트에 포함된 모든 단어가 품사 체계(명사, 동사 등)에 따라 분류되고 필요한 경우에는 레마(lemma, 원형)가 부여된다. 구어 전사 소프트웨어 역시 언어처리 소프트웨어이다. 이것은 소리 신호를 듣고 이에 해당되는 전사문을 소리 신호와 동기화시켜 출력시킨다.

언어자원(ressources, *resource*)은 문어 말뭉치, 구어 말뭉치, 전자사전, 데이터베이스 등을 가리킨다. 어떤 자료들은 이들을 처리할 수 있는 특수한 언어처리 소프트웨어들이 있기도 하고, 반대로 언어처리 소프트웨어가 이것을 사용해야만 처리할 수 있는 자료들을 만들어내기도 한다.

툴, 또는 도구 소프트웨어(outil, *tool*[1])는 언어 자료 처리에만 특화되어 있지는 않지만 언어학에 기여할 수 있는 다양한 용도의 소프트웨어를 가리킨다. 예를 들어 스프레드시트 소프트웨어는 계산을 수행하고 언어적으로 관찰 가능한 자료들의 출현 빈도를 계산할 수 있게 한다. 또한 관계형 데이터베이스의 운영도 가능하게 한다.

유틸리티(utilitaire, *utility*)는 주어진 자료에 주변적이면서 제한적인 작업을 수행하는 소프트웨어(동영상 변환프로그램이나 스크립트 변환프로그램도 있다)이다. 문장 단위로 나누어주는 프로그램도 유틸리티가 될 수 있다.

---

1) 컴퓨터 언어학에서 사용되는 영어로 '툴 tool'은 이 책에서 사용하는 도구라는 뜻부터 유틸리티라는 뜻까지 매우 광범위한 의미를 갖고 있다. 프랑스어에서는 이 용어를 좀 더 명확한 뜻으로만 사용하겠다.

프로토타입(prototype, *prototype*)은 실험적으로 구현한 언어처리 소프트웨어로서 항상 완벽성이나 안정성을 갖추고 있는 것은 아니다.

실험적 장치(dispositive expérimental)라는 용어는 재현이나 지위(해석)에 논란이 있을 수 있는 '사실들'을 만들어내는 언어처리 소프트웨어, 도구 소프트웨어, 언어자원들의 조합을 가리킬 때 사용하겠다. 주제 분석기(segmenteur thématique)는 실험적 장치에 속한다. 주제 분석기는 하나의 주제에서 다른 주제로 넘어가는 텍스트의 지점들을 결정하는 것을 목적으로 하는 프로그램이다. 주제 분석기는 이렇게 정해진 담화체들을 한데 묶어 추상적인 주제를 해석해내는 작업을 지원한다. 언어처리 소프트웨어는 사실 성공한 실험적 장치이다. 언어처리 소프트웨어가 수행하는 것은 (경우에 따라선 프로토타입 단계를 거친 후에) 다른 시스템과 연동하는 일이다. 결국 실험적 장치와 언어처리 소프트웨어 사이의 경계는 시대마다 다르다. 예를 들어 형태소 분석기는 실험적 장치의 단계를 거친 후 충분히 안정화되어 현재는 독립적인 언어처리 소프트웨어가 되었다(그러나 형태소 분석에 대한 연구와 실험은 여전히 계속되고 있다).

주석(annotation)은 자료에 정보를 추가하거나 떼어내는 것으로, 이 때 자료는 이미 다른 방식으로 주석이 되어 있는 것일 수 있다. 그리하여 단어가 품사나 문장 구성 성분으로 나뉘어져 있는 하나의 문장을 선택하여 핵어와 이 핵어가 지배하는 단어들 사이의 통사적 의존 관계를 표시할 수 있다. 또한 자동 통사 분석기 또는 파서(parseur, parser)가 분석한 결과를 수정할 수도 있다. 그런데 주석은 서로 의존적이지 않고 독립적인 것일 수도 있다. 두 개의 형태소 분석기에 의해 동일한 텍스트를 분석하는 경우가 그렇다. 주석은 직접적인 관계가 없는 현상들에 대한 것일 수도 있다(하나의 시 전체를 통사적으로 분석하여 주석하는 것과 행 단위로 분석하여 주석하는 것이 그러하다). 영어의 *annotate*라는 동사와 *mark up*이라는 동사가 동일하게 주석이라는 뜻을 갖는다. 그리고 이들이 목표로 하는 언어 수준을

결정하는 것은 문맥과 변화 요인이다. 마찬가지로, '언어자원'이라는 용어
도 매우 일반적인 뜻으로 사용할 것이며, 문맥상 필요한 경우 도구, 자료,
도구 소프트웨어, 유틸리티 등의 상위어로서 사용하겠다.

규범

용어: 컴퓨터 언어학에서 사용되는 언어처리 소프트웨어와 언어자원에
관한 용어들은 대부분 영어에서 온 것이다. 컴퓨터 언어학에서 영어는 도
구적 언어이다(일부 소프트웨어는 영어로만 상호작용이 이루어진다). 이에 따라
새로운 개념을 언급할 때에는 개념 자체는 굵은 글씨로, 영어는 괄호 안
에 이탤릭체로 쓰겠다.

링크: URL 즉 웹 주소는 각괄호 안에 화살표(→) 뒤에 약어 또는 규범
에 따른 이름을 써서 표시하겠다. 정확한 명칭과 주소는 링크 부분에서
제공하겠다. 예를 들어 [→TLFI]는 디지털판 TLF(Trésor de la Langue
Française)의 주소(http://atilf.atilf.fr/tlf.htm)를 가리킨다.

찾아가기: 이 책은 많은 표와 그림을 포함하고 있다. 편집상의 이유로
표와 그림을 대응되는 이야기 전개 바로 다음에 위치시키지 못하는 경우
가 있다. 또한 의도적으로 표나 그림을 다른 장에서 나중에 제시하는 것
이 필요한 경우도 있다. 그래서 찾아가기 부분에 표와 그림이 실려 있는
페이지를 표시해 두었다. 두 개의 요약표가 책 끝에 제공될 것이다.

특별한 약어

o. 빈도(특정 현상이 발생한 횟수)

v. 행

언어처리 소프트웨어와 언어자원 사용하기

언어처리 소프트웨어와 언어자원에 효과적으로 접근하는 것은 여러 가지 거름장치들을 연속적으로 통과하는 것과 같다.

가시성 언어자원을 제공하는 기관들이 있다. 영어뿐만 아니라 '소수 언어들'의 경우 [→LDC(언어 데이터 컨소시엄, Linguistic Data Consortium)]라는 미국 기관이 있고, 유럽 언어들의 경우, [→엘라(ELRA, 유럽 언어자원 협회)]가 있다. 특히 프랑스어의 경우 배포기관들은 실제로 존재하는 언어자원의 극히 일부에 대한 정보만 보유하고 있다. 그들의 역할은 안정적이고 표준화된 규범에 따라 처리된 언어자원을 판매하는 것이다. 회색문헌과 더불어 여러 연구소들은 공개하지 않은 언어자원, 언어처리 소프트웨어, 프로토타입, 실험적 장치들을 보유하고 있다. 이들의 상당 부분은 관심을 가질 수 있는 집단들에게 숨겨진 채로 남아있다(입소문이나 이것의 발전된 형태인 인터넷 출판의 경우를 제외하면). 이 책의 7장은 빙산의 숨겨진 부분을 점차 줄이기 위해 제안된 내용들을 소개할 것이다. 사실 인터넷 검색기들은 존재하는 언어자원들을 찾아주는 데 적합한 도구가 아니다. 예를 들어 20세기 후반부의 일상 언어 말뭉치를 찾고 있다는 것을 검색창에 어떻게 표현할 것인가?

저작권 일부 언어자원들은 상업적 기밀에 속한다. 또 다른 언어자원들은 개인 정보를 보호하기 위해 접근을 제한한다(예를 들어 입원 기록이나 의무 기록은 개인의 이름을 모른다 하더라도 그가 누구인지 특정하는 데 충분하다). 일부 언어자원들은 익명화 기술을 사용한다. [→구어 프랑스어 참조 말뭉치 (Corpus de référence du français parlé)]의 경우가 그러한데, 여기에서는 이미지에서 얼굴을 흐릿하게 하는 것처럼, 개인의 고유 명사가 나타나면 녹음 테이프에서는 이것을 특별한 신호로 대체하고, 전사 텍스트에서는 적절한 표식으로 대체하고 있다.

비용 일부 언어자원들은 상대적으로 적은 비용으로 구입할 수 있다. 형태소 통사 분석기인 [→코르디알(Cordial)]의 경우가 그러하다. 다른 언어자원들은 개인이나 국립연구소, 특히 인문학 분야의 연구소들의 재정 능력을 넘어서는 높은 가격을 갖고 있다. 유로워드넷(EuroWordNet)이나 J. 뒤부아와 F. 뒤부아 샤를리에의 동사 사전처럼 [→엘라(ELRA)]를 통해 접근할 수 있는 의미 사전의 경우가 그러하다. 다른 언어자원들은 회원 등록을 통해서 접근할 수 있다. 등록된 기관이나 연구소에 한하여 접근을 허용하는 문학 텍스트 데이터베이스인 [→프랑텍스트(Frantext)]가 그러하다. 마지막으로, 그 수나 질적인 면에서 성장하고 있는 다른 언어자원들은 [→트리태거(Treetagger)]처럼 무료로 사용할 수 있다. 이것이 소위 무료 소프트웨어와 언어자원의 세계이다. 이들은 대부분 비용을 지불하지 않고 내려받을 수 있는 언어자원과 소프트웨어들이다. 사용자는 이 자원들을 사용할 때 출처를 밝힐 의무가 있으며 이 자원들의 사용을 구속하지 않을 의무를 갖는다. 게다가 일부 소프트웨어들은 소스가 공개되어 있다 (오픈 소스). 따라서 동일한 조건에서 이 자원들로부터 새로운 것을 구축하는 것이 가능하다.

사용가능성 이 거름장치는 여러 측면을 갖고 있다.

구조 소프트웨어는 특수한 구조에 의존적일 수 있기 때문에 윈도우나 유닉스/리눅스 등에서만 사용가능할 수 있다. 마찬가지로, 언어자원은 특수한 코딩을 따를 수 있으므로(예를 들어 문자의 문제는 7장에서 논의하겠다) 다른 환경에서 사용할 때에는 처음부터 다시 코딩하는 것을 고려해야 한다.

유지 언어처리 소프트웨어나 언어자원의 유지는 (특히 학계에서, 책임자가 소속 기관을 바꾸는 경우) 중단되기도 한다.

기술 지원 매뉴얼이 항상 있는 것도 아니고 매뉴얼이 있다 하더라도 이것을 읽고 세세한 기능까지 제대로 이해하기는 힘들다. 더군다나 기술 지원이 항상 이루어지는 것도 아니다. 예를 들어 언어자원이나 소프트웨어 설치에 관한 기술 지원은 없는 경우도 많다. 반대로 언어자원은 설치 매뉴얼, 사용자 매뉴얼, 프로토타입으로서의 예제, 자주 하는 질문과 답변, 포럼과 메일링리스트 서비스(*mailing list*) 등 다양한 수준의 기술 지원을 갖출 수 있다.

전문성 잘 만들어진 일부 언어처리 소프트웨어들은 워드프로세서만큼이나 설치나 사용이 단순하다. 그러나 다른 소프트웨어들은 설치하거나 사용하는 데 기술적 능력을 요구한다. 예를 들어 텍스트에 대한 형태소 분석과 레마 분석을 수행하는 [→트리태거(Treetagger)]는 텍스트가 이미 문장 단위와 단어 단위로 정렬되어 있고, 각각의 단어나 구두점이 행 단위로 정렬되어 있다고 가정한다. 그래서 여러 유틸리티들이 [→트리태거(Treetagger)]와 함께 사용된다. 이들을 사용하고 적용하는 것은 초보자들에게는 여전히 복잡한 것으로 보일 수 있다.

적합성 언어처리 소프트웨어가 처리해야 할 자료에 적합하지 않을 수도 있다. [→트리태거(Treetagger)]가 특수한 상황의 언어(예를 들어 고대 프랑스어나 중세 프랑스어)나 현대 프랑스어의 변이형(특수 언어)을 꼭 처리할 수 있는 것은 아니다. 자료에 대해서도 동일한 이야기를 할 수 있다. 전화 통화를 전사한 텍스트는 구어 현상의 제한된 표본일 뿐이므로 반드시 구어 전체에 일반화될 수 있는 것은 아니다.

보상율 언어처리 소프트웨어가 정확하게 처리하고 그 결과가 언어자원에 온전하게 저장된 현상들의 비율이다. 전자사전의 경우 이것은 표제어와 정렬된 굴절형의 수가 된다.

접근 방법 일부 언어자원들은 제한된 검색만 허용한다. 접근 방법은 언어자원의 사용을 구속한다. [→TLFI]가 그러하다. TLF의 디지털판은 인터넷에서 또는 시디롬(CD-ROM)에서 검색할 수 있다. 그러나 [→렉시크(Lexique)]나 [→모르팔루(Morphalou)]에서 하듯이 디지털 사전 전체에서 주어진 접미사를 가진 모든 명사를 추출할 수는 없다(5장 2절 참조).

변수 조정 실제로 이미 처리된 자료들에 적용하기 위하여(여기서는 [→트리태거(Treetagger)]와 같은 형태소 분석기의 '학습' 작용을 말하는 것이다) 또는 얻어진 결과물을 수정하기 위하여(형태소 분석기 [→코르디알(Cordial)]의 경우처럼), 어떤 언어처리 소프트웨어들은 변수를 조정할 필요가 있다. 자료들의 변수 조정은 잘 정의된 담화의 일부를 추출할 수 있게 되는 것을 의미한다. 예를 들어 텍스트 데이터베이스의 경우 정의된 목적에 따라 검색할 말뭉치(corpus)를 한정할 수 있다([→프랑텍스트(Frantext)]에서 과학기술 텍스트 말뭉치를 사용할 것인지 아니면 1920년-1939년에 쓰여진 텍스트를 사용할 것인지를 선택할 수 있는 것처럼).

수정 가능성 일부 소프트웨어들은 닫혀있다. 다시 말해서 이것들은 주어진 그대로 사용해야 한다(기본적인 변수 조정은 가능하다). 다른 소프트웨어들은 사용자가 기능을 수정할 수 있도록 허용한다. 예를 들어 [→유니텍스(Unitex)]에서는 분석 규칙을 직접 작성할 수 있기 때문에 분석의 수준을 형태 통사적인 것에 한정시키지 않고 의미 부류로 확장시킬 수 있다.

또 다른 소프트웨어들은 코드를 수정하지 않고도 여러 가지 유틸리티나 수동 조작의 부담을 줄여주는 스크립트를 추가할 수 있다. 구어 전사 소프트웨어인 [→프랏(Praat)]이 그러하다.

호환성 어떤 소프트웨어들은 입력(*import*, 다른 언어처리 소프트웨어가 주석한 자료를 불러들이기)과 출력 기능을 통해 다른 소프트웨어들과 함께 쉽게 사용할 수 있다. 다른 소프트웨어들은 '자폐아'같다. 마찬가지로, 언어자원의 표현 형식(*format*)도 공개된 표준이나 규범을 따르느냐 아니면 개인이 만든 형식을 따르느냐에 따라 소프트웨어의 사용이 용이하거나 그렇지 않을 수 있다.

이 분야는 발달 속도가 빠르기 때문에 존재하는 모든 것을 설명하는 것은 불가능하다는 것을 미리 고백하겠다. 무엇보다 각자가 자신의 위치를 인식하고 스스로 선택을 할 수 있도록 큰 틀과 주요한 지표들을 소개하고, 존재하는 것들에 한해 최근에 주목 받은 특징들을 중심으로 그 실제적인 위상을 알려주는 것이 이 책의 목적이다.

역사

십 년이 채 되기도 전에 말뭉치에 대한 관심은 학술대회, 저술, 교육, 학술지나 특집호 등에서 볼 수 있다시피 프랑스 언어학계에서 크게 증가하였다. 그러나 '말뭉치 언어학'이라는 이름은 도구를 사용하는 언어학이 그 만큼 발전하고 있다는 사실을 숨기고 있기도 하다. 말뭉치 언어학은 주석 정보나 관찰 가능한 형태의 자료를 사용하고, 적절하다고 판단된 언어적 사실들을 구현하기 위하여 실험적 장치들을 사용한다. 십 년 만에 바뀐 것은 완벽하게 만들어진 프랑스어 말뭉치를 보다 쉽게 사용할 수 있게 되었다는 사실보다, (인터넷이나 디지털 아카이브를 복사해서) 말뭉치를 직접 구축할 수 있게 되었고, 기존의 말뭉치 전체 또는 일부를 취하여 다양한 층위에서 주석할 수 있게 되었다는 점이다.

그러나 언어처리 소프트웨어나 언어자원의 사용은 그 어떤 방법론적인 통일성이나 연구 대상 또는 연구 전개 방식에 대한 합의와 전혀 무관하다. 이러한 다양성의 원인은 지난 이십 년 동안 언어학에서 그랬던 것처럼 컴퓨터 언어학 분야에서 나타난 변화 안에서 찾아야 할 것이다.

영미계 기술 언어학에서 그 기원을 찾을 수 있는 첫 번째 변화는 균형 말뭉치(*balanced corpus*)의 구축을 목표로 하였다. 여기에 함축된 가설은 언어의 사용은 문어인지 구어인지에 따라 달라지며, 문어와 구어는 다시 소통 상황이나 영역 등—이것은 장르 또는 사용역(*register*)이라는 모호한 용어로 요약되곤 한다—에 따라 달라진다는 것이다. 이러한 변화는 1979년 백만 단어 규모의 형태소 분석된 말뭉치인 [→브라운 말뭉치(Brown)]의 구축으로부터 시작되어 1995년 수백만 단어로 구성된 [→BNC 말뭉치(영국 왕실 말뭉치, British National Corpus)]의 구축까지 이어졌다. 이러한 흐름은 수집된 '언어적 사실들'로부터 여러 종류의 사전과 기술적인 문법을 발전시켰다.

두 번째 변화는 좀 더 최근에 일어났으며 대규모 자연언어처리(TAL, *NLP*)와 언어공학에 좀 더 초점이 맞춰진 것으로, 가능한 한 많은 텍스트들을 수집하여 말뭉치를 구축하는 것이다. 하지만 수집되는 텍스트의 다양성은 여기서 별로 고려되지 않는다. 이러한 변화에 함축된 가설은 규모가 큰 말뭉치가 '유일무이한 언어'에 관한 상대적으로 신뢰할 수 있는 사실들을 획득할 수 있게 하며 효과적인 언어처리 도구들을 개발할 수 있게 한다는 것이다. 그리고 이 때 언어적 다양성은 고려 대상이 아니다. 이러한 관점에서 신문의 디지털 아카이브는 크게 환영 받는다. 이것은 빠른 시일 안에 큰 규모로 구축할 수 있기 때문이다(프랑스 일간지 르몽드(Le

Monde) 일 년치에는 이천만 단어가 포함되어 있고, 십 년치 르몽드 신문을 수집하면 사십 년 동안 수집한 결과물인 [→프랑텍스트(Frantext)]의 문학 텍스트 말뭉치보다 더 큰 규모의 말뭉치를 가질 수 있게 된다). 십여 년 전부터 인터넷의 등장은 전례 없는 큰 규모의 자료들을 처리할 수 있게 만들었고, '현장에 적합한' 언어처리 소프트웨어의 필요성을 증가시켰다.

디지털 자료의 홍수 덕분에 언어공학과 정보 검색에서 시작된 언어처리 소프트웨어와 언어자원이 일반화되었지만, 이들이 항상 엄밀한 의미의 언어학적 관점에서 고안된 것은 아니다. 현재 언어학은 새로운 언어처리 소프트웨어들과 개선된 언어자료들을 사용할 수 있다. 같은 맥락에서, 언어학은 이 도구들의 사용 또는 고안 자체에 직접 참여하여 영향을 주지는 않더라도 이들의 성격과 적합성이 언어학적 목적에 부합하는지를 평가할 수 있어야 한다.

차례

1장에서는 하나의 예문을 세밀하게 분석함으로써, 언어자원이 무엇인지, 언어처리 소프트웨어가 무엇인지, 주석이 무엇인지, 접근 가능한 도구의 장점이 무엇인지 등과 같은 기초적인 문제와 개념들을 소개하겠다. 2장에서는 위에서 살펴본 예문으로부터 시작하여 우리가 선택할 수 있는 다양한 주석 도구들을 보여주겠다. 이어지는 장들에서는 문어(3장)와 구어(4장), 단어(5장)와 그 밖의 다른 프랑스어 분석 차원들을 차례로 소개하겠다. 마지막 두 장은 언어처리 소프트웨어와 언어자원들을 사용할 때 맞닥뜨리게 되는 실제적인 문제들(7장)과 이제까지 제기된 방법론의 문제들(8장)을 소개하는 데 할애하겠다.

제1장 주석 도구와 주석 자료

    가능한 한 구체적으로 설명하기 위하여, 주석 도구를 소개할 때(1장)에는 잘 만들어진 예문을 사용하겠다. 이 장의 출발점은 형태소 분석과 레마 분석으로 구성된 전형적인 주석이다. 다른 수준의 주석은 뒤이어(3장) 소개하겠다. 주석된 결과물은 있는 그대로 제시하겠지만 해석 요령에 따라 분류하겠다. 1장의 시 예문은 다음 장에서 다시 사용될 것이다. 이 예는 제공된 정보들을 연결하는 데 도움을 줄 것이다.

1. 반복되는 시 예문 : 골짜기에 잠들어 있는 사람
(Le Dormeur du Val)

    랭보의 시 '골짜기에 잠들어 있는 사람'은 방법론이나 소프트웨어를 설명할 때 '테스트용'으로 사용될 것이다. 동일한 짧은 예문을 반복해서 사용하는 것은 비교를 용이하게 한다. 이 예문은 '장난감' 예문에 속한다(150개 단어, 14행, 5개 문장과 제목). 그러나 아마도 '시는 언어의 보고'(J. 루보(J. Roubeaud), 『시, 기타 등등 : 가정(Poésie, etcetra : ménage)』, Stock(1995, p.101))

이기 때문에, 이 예문이 만들어내는 기술적인 복잡함은 더 큰 규모의 자료에서 만나게 되는 어려움들을 현실적으로 이해할 수 있게 할 것이다.2)

표1 골짜기에 잠들어 있는 사람(Le Dormeur du Val)

1 C'est un trou de verdure où chante une rivière
2 Accrochant follement aux herbes des haillons
3 D'argent : où le soleil ; de la montagne fière,
4 Luit : c'est un petit val qui mousse de rayons.

5 Un soldat jeune, bouche ouverte, tête nue,
6 Et la nuque baignant dans le frais cresson bleu,
7 Dort ; il est étendu dans l'herbe, sous la nue,
8 Pâle dans son lit vert où la lumière pleut.

9 Les pieds dans les glaïeuls, il dort. Souriant comme
10 Sourirait un enfant malade, il fait un somme :
11 Nature, berce-le chaudement : il a froid.

12 Les parfums ne font pas frissonner sa narine ;
13 Il dort dans le soleil, la main sur sa poitrine
14 Tranquille. Il a deux trous rouges au côté droit.

초록빛 골짜기, 그곳에는 풀밭에 은빛 잔해들을
미친 듯이 쏟아내는 강이 노래하고 있네.
태양은 우뚝 솟은 산에서 빛나고 있네.
그것은 햇빛들로 넘쳐나는 작은 골짜기.

한 어린 병사, 입 벌리고 모자도 없이,
싱그러운 푸른 풀밭에 목덜미 담근 채
잠들어 있네. 구름 아래 풀밭에 누워있네,
빛이 쏟아지는 초록색 침대에 창백한 모습으로.

글라디올러스 꽃에 발들을 묻은 채 잠들어 있네.

---

2) 시 예문의 한국어 번역은 『랭보 시선』(2012, 랭보 지음, 곽민석 옮김)에서 인용한 것임.

병든 아이가 미소 짓듯 웃으며 꿈꾸고 있네.
자연이여, 따뜻하게 그를 재워주기를,
그는 추워하네.

향기에도 그의 콧구멍 떨리지 않네.
햇빛 속에 그는 잠들어 있네, 평온한 가슴에 손을
올려놓은 채. 오른쪽 옆구리에 붉은 구멍 두 개가 있네.

2. 전형적인 주석 과정 : 형태소 분석과 레마 분석

형태소 분석은 각각의 단어에 형태 통사적인 표식을 붙이는 것이다. 형태소 분석은 간단할 수도 있지만(전통적인 품사는 12개에 지나지 않는다), 더 자세한 정보(성, 수, 시제, 인칭 등)를 표현하면 그 규모가 커지게 된다. **레마 분석**은 단어와 단어의 원형 즉 레마(lemma, 기본형, 원형, 어간)를 결합시키는 것으로, 동사는 굴절에 필요한 원형, 명사는 단수형, 형용사는 남성 단수형을 가리킨다. 레마 분석은 형태소에 관한 정보를 사용한다. 특히 정보 검색기에서 수행되는 **스태밍**(stemming)과 같은 간략화와 레마 분석을 혼동하지 말아야 한다. 스태밍은 의미적 일치를 용이하게 하기 위하여 단어에서 특정한 접사들을 떼어내는 것을 가리킨다(예를 들어 souriant, souriait은 souri가 될 것이다). [→스노우볼(Snowball)]은 프랑스어 텍스트에서 스태밍을 할 수 있게 해준다.

형태소 분석과 레마 분석에 앞서 단어나 문장이나 문자열로 **분절**시키는 것이 필요하다. 자동 분절, 즉 토큰화(*tokenization*)는 인간 독자에게는 단순해 보이는 작업이지만 실제로 자동화시키기에는 꽤 어렵다.3) 어떤

---

3) 라포르트(E. Laporte), 2000, '단어와 어휘 수준(Mots et niveau lexical)', In 『언어공학(Ingénierie des lanugues)』, 피렐(J.-M. Pirrel)(ed.), Hermès Science, p.25-50.

문자들은 단어나 문장의 경계를 나누기도 하고, 단어를 구성하는 데 사용되기도 한다(l'ami에 사용된 생략 부호(apostrophe)와 aujourd'hui에 사용된 생략 부호, 문장에 사용된 쉼표와 숫자에 사용된 쉼표, 문장 사이에 사용된 마침표와 약자나 미국식으로 쓴 숫자에 사용된 마침표). 여러 개의 단어로 이루어진 단어들, 즉 복합어들(carte de crédit(신용카드), avoir froid(춥다) etc.)은 기본적인 장애물이다. 텍스트에서 다섯 번째 단어까지는 복합어들을 찾아낼 수 있다. 모리스 그로스(Maurice Gross)의 영향 덕분에 정교한 프랑스어 단어 목록이 만들어져 있기 때문이다. 형태소 분석기인 [→인텍스(Intex)]와 [→유니텍스(Unitex)]는 이러한 단어 목록을 포함하고 있다. 그러나 이 목록들은 불완전한 채로 남아있으며(신조어 생성의 상당 부분은 복합어를 통해 이루어진다), 하나의 복합어에 상응하는 단어들의 연속체가 문맥에 따라서는 반드시 하나의 단위가 아닐 수도 있다(바질은 살과 즙이 많은 식물이다 (le basilic est une plante succulente) vs (식물학에서) '다육식물'은 다육조직에 물이 풍부한 식물이다(Les 'plantes succulentes' sont les plantes dont les tissus charnus sont riches en eau)). 문장으로 분절하는 문제도 까다롭다. 시 '골짜기에 잠들어 있는 사람'에서 마침표로 끝나는 것만 문장으로 볼 것인가, 아니면 콜론이나 세미콜론으로 끝나는 것도 문장으로 볼 것인가(게다가 세미콜론의 기능은 3행과 7행 및 12행에서 상이하다)? 이에 따라 첫 번째 삼행시에서 두 문장을 얻을 수도 있고 세 문장을 얻을 수도 있다. 1996년부터 1998년까지 수행된 프랑스어 형태 통사 분석기의 성능 평가 사업 「그라스 GRACE」는 단어로 분절하는지 또는 문장으로 분절하는지에 따라 해석의 차이가 매우 커진다는 것을 확실하게 보여주었다. 최소 분절 원칙(모든 구두점과 빈 칸은 분절 기능이 있는 것으로 간주되었다)에 따라 일간지 한 종을 분석한 450,000개 단어 규모의 말뭉치는 어떤 분석기에서는 16,897개 문장으로 분절되었고, 다른 분석기에서는 33,344개 문장으로 분절되었다. 또 어떤 분석기에서는 411,748개 단어로 분절되었고 다른 분석기에서는 463,596개 단어로 분절되었다.

표 5, 6, 7은 [→코르디알(Cordial)]과 [→트리태커(TreeTagger)]가 시 예문의 앞부분에 대해 형태 통사 분석과 레마 분석을 수행한 결과물을 보여준다. 코르디알은 상용화된 분석기인 반면 트리태거는 무료로 내려 받을 수 있다. 코르디알의 표에서 3열과 5열은 각각 출발형과 레마를 나타내고 (열 번호는 설명을 쉽게 하기 위하여 소프트웨어의 출력 때 추가된다), 모든 단어에 대해 2개의 주석이 제공된다(7열과 9열). 트리태거는 세 개의 열에 출발형, 성분, 레마를 나란히 보여준다. 코르디알은 다른 정보들도 제공한다(예를 들어 일부 단어들에 대해서는 마지막 열에 동의어를 제시하기도 하고(dormeur(잠자는 자)/personne(사람), trou(구멍)/prison(감옥), chanter(노래하다)/fredonner(흥얼거리다)), 마지막 열 바로 앞 열에는 단어가 포함된 절(proposition)의 성격(독립적/주절/관계절)을 제시하기도 한다. 코르디알이 제공하는 정보들의 표현 형식은 이 소프트웨어가 제공하는 10여 개의 매개변수에 의해 편집이 가능하다.

형태소 분석기는 특수한 선택을 보여주는 표식(indice)을 사용한다. 예를 들어 코르디알은 제목을 하나의 문장, 즉 대문자로 시작해서 구두점 없이 끝나는 독립적인 하나의 행으로 인식한다(문장은 앞뒤에 '==== 문장 시작 ===='과 '==== 문장 끝 ===='이라고 표시된다). 또한 대문자로 시작되어 다음 행으로 넘어가는 행도 문장으로 간주되는 것을 볼 수 있다.

주석 방식은 소프트웨어마다 다르다. 코르디알의 첫 번째 분석(표 5의 7열)은 209개의 주석(시 예문에서는 이 가운데 30개가 실현되었다)을 포함하고 있고, 트리태거는 59개의 주석을 포함하고 있다(시 예문에서는 19개가 실현되었다). 정관사 le는 코르디알에서는 DETDMS으로, 트리태거에서는 DET : ART이라고 주석된다. 코르디알은 트리태거에 비해 명사에는 성과 수에 대한 주석을 추가적으로 제공하고, 동사에는 법, 시제, 인칭에 대한 명확한 주석을 제공한다. 표 8을 통해 시 예문에 대한 이 둘의 주석 방식을 비교할 수 있다. 이 도구들은 문장 내부와 문장 사이의 구두점도 주석한 다(구두점은 형태소 분석기와 파서 등과 같은 나머지 주석 도구에 의해 '단어'로 처리 된다). 코르디알은 PCTFAIB(문장 안의 구두점)와 PCTFORTE(문장 사이의 구두점)를 구별하여 사용하며, 비슷한 방식으로 트리태거는 PUN과 SENT 을 구별하여 사용한다. 분석 결과 얻어진 문장의 숫자는 두 분석기가 다 르다. 코르디알은 12 PCTFAIB이라고 분석하고, 트리태거는 5 SENT이 라고 분석한다.

이 두 분석기는 여러 단어로 이루어져있는 단어들을 분석해내지 못한 다. 하나의 단어로 간주되기도 하는 도입사 *c´est*는 사실 두 개의 단어로 이루어져있다. 마찬가지로, 시 예문에 나오는 *il a froid*와 *il fait un somme*은 il [a froid]와 il [fait un somme]로 나누어 분석하는 것이 적 절하다.

결국, 이와 같은 매우 기초적인 단계, 즉 형태 통사 분석과 레마 분석 에서조차 시 예문을 부분적으로 상이하게 해석하는 모습이 관찰된다.

3. 상이한 수준의 주석

형태 통사 분석이나 레마 분석 단계보다 먼저 수행될 수 있는 분석(형태 소 분석)과 이보다 나중에 수행될 수 있는 분석(통사 관계 표시, 운율에 대한 주석(annotations métriques))을 추가해 보자.

표2   시 예문을 [→플램(Flemm)/데리프(Derif)]로 분석한 결과(일부 발췌)

⋮

dormeur NOM : Nc-s- dormeur [[dormir VER] eur NOM] (dormeur/NOM, dormir/VER) dormir의 "(일반적인 행위주체 - 예외적인 저자 - 도구)

⋮

chante VER(pres) : Vmip1s-1 chanter [chanter VER] (chanter/VER) "chanter"
chante VER(pres) : Vmip3s-1 chanter [chanter VER] (chanter/VER) "chanter"
chante VER(pres) : Vmmp2s-1 chanter [chanter VER] (chanter/VER) "chanter"
chante VER(pres) : Vmsp1s-1 chanter [chanter VER] (chanter/VER) "chanter"
chante VER(pres) : Vmsp3s-1 chanter [chanter VER] (chanter/VER) "chanter"

⋮

mousse NOM : Nc-s-mousse [mousse NOM](mousse/NOM) "mousse"

⋮

tête NOM : Nc-s-tête [tête NOM](tête/NOM) "tête"
nue NOM : Ncfs- nue [[nue ADJ] NOM] (nue/NOM, nue/ADJ) "두드러져 보이는 특징이 '나체(être nue)'인 개체"

⋮

Dort VER(pres) : Vmip3s-3 dormir [dormir VER] (dormir/VER) "dormir"

⋮

étendu VER(pper) : Vmps-sm-étenre [é [tendre VER] VER] (étendre/VER, tendre/VER_ "끝까지 뻗다"

⋮

nue NOM : Ncfs-nue [[nue ADJ] NOM] (nue/NOM, nue/ADJ) "두드러져 보이는 특징이 '나체(être nue)'인 개체"

⋮

해석요령

Nc-s(남성 또는 여성 단수 보통 명사), Ncfs(여성 단수 보통 명사), NOM(명사), pres(현재형), pper(현재 분사), VER(동사), Vm(본동사), i/m/s/p(직설법/명령법/접속법/분사), p/s(현재형/과거형), 1/2/3(1인칭/2인칭/3인칭), s(단수), m(남성형).

[→플램(Flemm)/데리프(Derif)]4)는 파생형태소에 관한 정보를 제공하며 하나의 단어에 대응될 수 있는 여러 가지 굴절형을 제시한다. 그래서 표 2의 '잠들어 있는 사람(dormeur)'은 동사 '잠자다(dormir)'로 분석되고, 이것은 코르디알과 트리태거의 분석 결과에 비해, '수면'이란 단어와의 동위 관계(isotopie)를 밝히는 것을 수월하게 만들 수 있다. 이 분석기는 '잠들어 있는 사람'(dormeur)의 경우 동사 '잠자다(dormir)'와 '습관의 주체-예외적인 주어-도구'라는 동위 관계를 갖고 있는 것으로 분석한다. 동사 chante의 분석 결과는 여러 가지인데, 직설법 현재(단수 1인칭과 3인칭: Vmip1s-1, Vmip3s-1), 명령형 현재(단수 2인칭: Vmmp2s-1), 그리고 접속법 현재(단수 1인칭과 3인칭: Vmsp1s-1, Vmsp3s-1)이다. 이런 경우 컴퓨터 언어학에서는 **중의성(ambiguïté)**에 대해 언급한다. chante에 대해 다섯 가지 상이한 분석이 가능하기 때문에 중의적이라고 하는 것이다. 사실 이것은 분석에 사용된 소프트웨어에 따라 달라지는 **인위적 중의성(ambiguïté artefactuelle)**이다. 인간 독자에게는 그러한 중의성이 존재하지 않는다는 점에 주목하자. chante에 대해 문맥에 따라 직설법 현재 3인칭 단수형라고 분석하는 것 이외에 다른 가능한 분석을 생각해내는 것은 인간 독자에게 상당한 노력을 요구한다. 한편, 가능한 분석의 수는 소프트웨어에 따라 다르다. 인칭을 구별하지 못하는 트리태거는 chante에 대해 다섯 가지가 아니라 세 가지 분석만 할 수 있다. VER : imp(명령법), VER : pres(직설법 현재), VER : subp(접속법 현재). [→플램(Flemm)/데리프(Derif)]는 트리태거에 이어서 작동한다(따라서 이 소프트웨어는 이미 주석된 자료를 주석하는 도구라고 할 수 있다). 동시에 이 도구는 형태소 분석기인 [→브릴(Brill)]과 [→윈브릴(WinBrill)]을 프랑스어에 적응시킨 후 이것을 사용한다. 제시된 분석 결과에서는 두 개의 오류가 눈에 띈다. mousse de rayons의 mousse는 명사

---

4) 나메(F. Nammer), 2000, '플램: 규칙 기반 프랑스어 굴절형 분석기(Flemm : un analyseur flexionnel du français à la base de règles)' *TAL* vol. 41, n°2, p.523-547.

로 분석되고, tête nue의 nue도 명사로 분석되고 있다. 그 뒤에 출현하는 la nue의 nue는 명사로 분석되는 것이 맞다.

표3 시 예문 : [→생텍스(Syntex)]가 생성한 의존 관계(일부 발췌)

레마 1		관계	레마 2	범주
dormeur	N	de	val	N
trou	N	de	verdure	N
chanter	V	SUJ	rivière	N
accrocher	V	à	herbe	N
accrocher	V	à	herbe de haillon	S
herbe	N	de	haillon de argent	S
luire	V	SUJ	soleil	N
montagne	N	mod	fière	A
mousse	N	de	rayon	N
…	…	…	…	
faire	V	SUJ	parfum	N
frissonner	V	OBJ	narine	N
dormir	V	dans	soleil	N
main	N	sur	poitrine	N
main	N	sur	poitrine tranquille	S
poitrine	N	mod	tranquille	A
trou	N	mod	rouge	A
côté	N	mod	droit	A

　[→생텍스(Syntex)]는 의존 관계 분석기이다.5) 분석된 개별 문장에 대하여 지배어(mot recteur)와 의존어(mot regis) 사이에(즉, 이에 대응되는 주석

---

5) 부리고 (D. Bourigault) & 파브르(C. Fabre), '말뭉치의 통사 분석에 대한 언어학적 접근(Approche linguistique pour l'analyse syntaxique de corpus)', *Cahiers de grammaire*, 2000, n°25, p.131-151 ; 부리고(D. Bourigault) & 파브르(C. Fabre), 프레로(C. Frérot), 자크(M.-P. Jacques), 오즈도브스카(S. Ozdowska), '통사, 말뭉치 통사 분석기(Syntax, analyseur syntaxique de corpus)', *TALN*05, 2005, vol. 2, p.17-20.

이 부여된 레마들 사이에) 성립하는 통사적 의존 관계를 주석하여 제공한다. 이것은 부분적인 분석기이다. 주어진 문장에서 일부 의존 관계는 표시되지 않을 수 있다. 실제로 동격(apposition)과 같은 통사 관계는 이 소프트웨어에 의해 아직 처리되지 못한다. 한편 복잡한 문장은 통사 관계를 찾아내는 데 장애를 일으킨다. 표 3은 [→생텍스(Syntex)]가 시 예문에서 추출한 의존 관계의 일부를 가져온 것이다. 단어 rivière는 지배어인 동사 chanter의 도치된 주어로 분석된다. 지배어 레마와 의존어 레마 사이에 성립된 의존 관계들로부터 [→생텍스(Syntex)]는 복합적인 개체 즉 구(syntagme)를 만들어낸다(그래서 S라는 주석이 붙는다). 단어 main은 명사 poitrine와 S(구)인 poitrine tranquille를 동시에 지배한다. 주요 의존 관계는 SUJ(주어), OBJ(목적보어), mod(≈수식어)이다. 전치사에 의해 만들어진 다른 관계들은 전치사 그대로 제시된다(de, à, sur 등). [→생텍스(Syntex)]도 [→플렘(Flemm)/데리프(Derif)]처럼 [→트리태커(TreeTagger)]에 연결되어 작동한다. 그런데 여러 개의 잘못 분석된 의존 관계가 관찰된다. S(구)로 분석된 herbe de haillon의 의존 관계는 분석된 반면 haillons à accrocher의 의존 관계는 누락되었다. herbe는 haillon de argent이라는 구를 지배하는 것으로 잘못 분석되어 있다.

메트로미터는 코르네이유와 라신느의 운문으로 이루어진 작품들을 대상으로 개발되고 조정된 프로토타입 수준의 운율 분석기이다.[6] 이 분석기는 특별한 음성 분석기와 형태 통사 분석기를 사용한다. 메트로미터는 각 행에 대해 다섯 개 층위의 분석 결과를 제공한다. 운율상의 음절(다음 표에서 O1이라고 표시된 행에 제시된다)과 강세 표시(O3 행에 제시), 즉 명사, 동사, 형용사 등 소위 개념어(O2 행에 제시)라고 불리는 단어의 마지막 음절,

---

6) 보두앵(V. Beaudouin) & 이봉(F. Yvon), 1996, '메트로미터 : 프랑스어 운문 분석을 위한 도구(The Metrometer : a Tool for Analysing French Verse)', *Literary & Linguistic Computing*, vol. 11, n°1, p.23-32 ; [Beaudouin, 2002].

그리고 품사(O4 행에 제시, 0=명사, 1=동사, 6=한정사/대명사, 7=전치사, 9=관계
대명사)와 단어의 끝(O5 행에 제시). 첫째 음절은 두 개의 단어, 즉 한정사/
대명사로 주석되는 c′와 동사로 주석되는 est로 구성되지만, 가장 중요한
주석 하나만 표시된다.

표 4 메트로미터에서 분석한 시 예문(첫째 행)

O0	=	C'est	un	trou	de	verdure	
O1	=	(s ai)	(lt un)	(t r ou)	(d @)	(v ai r)	(d u r) …
O2	=	1	0	1	0	0	1 …
O3	=	12					
O4	=	1	6	0	7	0	0 …
O5	=	1	1	1	1	0	1 …

해석요령

O1 SAMPA 형식	sE	te~	tRu	d@	vER	dyR	…
O2 강세	+	-	+	-		+	
O3 음절	12						
O4 범주	동사	한정사/대명사	명사	전치사	명사		…
O5 단어 끝	FM		FM		FM		

[→트랜스크라이버(Transcriber)]는 구어를 전사하여 소리 신호와 정렬시
킨다. 그림 1은 시 예문을 두 개의 목소리(남자와 여자)가 낭독한 것을 보
여준다. 여기서 텍스트의 각 문장은 소리 곡선에 대응된다. 화면 상단의
툴바는 소프트웨어의 메뉴에 접근하게 한다. 아랫쪽 창은 전사문을 포함
한다. 전사문 아래의 화살표들은 듣기 작업을 제어한다. 그 밑에는 소리
신호(여기에서는 스테레오 타입이기 때문에 두 개로 표시된다)가 오실로그램의 형
태로 표현된 후, 언술 단위로 분절되어 다시 표현된다. 마지막 행에는 발
화 시간이 표시된다(녹음이 시작된 후 21.126초). 트랜스크라이버는 개별 화

자에 대한 정보(성별, 모국어 화자인지 아닌지)와 대화 유형(즉각적인 대화인지,
사전에 준비된 대화인지), 그리고 매체(실험실, 전화, 등)에 대한 정보를 제공할
수 있게 한다.

소리 신호와 전사문의 정렬은 물리적으로 이루어진다. 전사문장들에 나
타나는 밝은 색의 가로줄, 즉 les plé() les pieds dans les glaïeuls il
dort가 현재 발화되고 있는 언술이다. 이것은 소리 신호에 나타나는 점선
으로 된 세로줄과 그 아래 언술들 사이의 경계와 일치한다. 듣기를 실행시
키면 가로줄은 les pieds dans les glaïeuls il dort...에서 다음 언술로 넘
어가는 반면, 점선으로 된 세로줄은 소리 신호 안에서 이동한다. 듣기를 실
행했을 때, 말실수와 관련된 반복이 있다는 것은 les plé() les pieds 부분
에서 확인할 수 있다. 4장에서는 또 다른 전사 도구인 [→프랏(Praat)]을 사
용하여 시 예문을 음소, 음절, 단어로 분석한 결과의 일부를 제시하겠다.

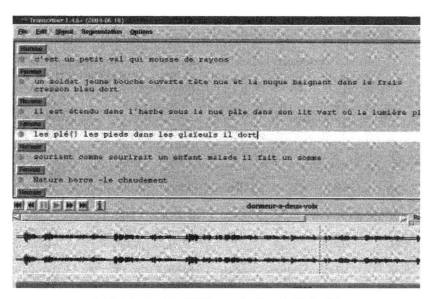

[그림 1] [→트랜스크라이버(Transcriber)]로 분석한 시 예문

우리의 독서 습관 덕분에 시 예문 '골짜기에 잠들어 있는 사람'이 제목
과 두 개의 사행시와 두 개의 삼행시를 가진 소네트의 형식을 갖고 있다
는 것을 알 수 있다. 이러한 추측은 시행들이 한데 묶여 구조체를 이루고,
이 구조체의 처음에 대문자가 나타난다는 사실로 입증할 수 있다. 루보(J.
Roubaud, op. cit. p.159)는 "빈칸은 시의 것이다. 빈칸은 산문의 것이 아니
며, 산문에 속하더라도 부차적으로만 그러하다"라고 말한 바 있다. 이러
한 시의 구조를 [→TEI(Text Encoding Initiative)]의 규칙에 따라 명시화할 수
있다. 1987년, [→ACL(컴퓨터인문학협회, Association for Computers and the
Humanities)], [→ACH(컴퓨터언어학협회, Association for Computational
Linguistics)], [→ALLC(디지털인문학협회, Association for Literary and
Linguistic Computing)] 등의 지식인 단체의 후원을 받아, 출판사 편집자, 박
물관의 보존사학자, 언어학자, 문헌학자, 컴퓨터공학자들이 모여 시작한
TEI는 인문학에서 사용된 데이터와 메타데이터의 주석 규범을 제안하는
것을 목표로 하는 국제기구이다. TEI는 텍스트를 [→XML(Extensible
Markup Language)]로 구조화한 표현을 사용한다. 텍스트는 기본적으로 나
무 모양으로 배치될 수 있는, 요소들(éléments)의 집합으로 간주된다. 그림
2는 이런 방식의 표현에 해당된다. 모든 행은 하나의 요소 l(ine - 행)에 대
응되고, 사행시와 삼행시의 경우, 여러 요소 l들이 모여서 lg(line group -
행들의 집단)를 이룬다. 소네트는 하나의 lg를 이루고, 이 lg는 네 개의 lg
를 포함한다. 그리고 이 lg들은 두 개의 사행시와 두 개의 삼행시에 해당
한다. 소네트는 텍스트의 '몸체'에 해당하는 body의 지배를 받는다. body
를 포함하는 text는 (제목과 같은 head와 랭보가 시에 부여한 날짜와 같은
dateline처럼) 엄밀한 의미에서 텍스트에 선행할 수 있는 요소들에 해당하
는 front를 지배하기도 한다. 그러므로 TEI는 텍스트와 유사텍스트를 엄
격하게 구별한다. 시 예문의 text 요소 자체는 group 요소의 지배를 받
고, 또 다른 text 요소에 의존한다. 시집은 하나의 완전한 text 요소이지

만 독립적인 텍스트들로 구성되어 있다. 한편, 그림 3은 상자형 표현과 나무형 표현의 균형성을 보여준다. 표 9는 나무형 표현을 XML로 표기하는 방식을 제시한다.

표 5 [→코르디알(Cordial)]의 형태소 분석 결과(시작)

1 단어	2	3 문장	4 대화	5 레마	6 중의성 개수	7 타이퍼그램 (Typergram)	8 코드그램 (Codegram)
=== 문장 시작 ===							
1	1	Le	1	le	A2	DETDMS	0xA000
1	1	dormeur	2	dormeur	A2	NCMS	0xA000
1	1	du	3	du		DETDMS	0xA000
1	1	val	4	val		NCMS	0xA000
=== 문장 끝 ===							
=== 문장 시작 ===							
\r\r							
2	2	C'	1	ce	A2	PDS	0xF080
2	2	est	2	être	A3	VINDP3S	-
2	2	un	3	un		DETIMS	0xA000
2	2	trou	4	trou		NCMS	0xA010
2	2	de	5	de		PREP	0x0000
2	2	verdure	6	verdure		NCMS	0x6010
2	2	où	7	où		PREP	0xF000
2	2	chante	8	chanter	A5	NCFS	-
2	2	une	9	un	A4	PRI	0x6000
2	2	rivière	10	rivière		VINDP3S	0x6080
=== 문장 끝 ===						NCFS	

해석요령

일곱 번째 칸 : 표 8 참조

표 6 [→코르디알(Cordial)]의 형태소 분석 결과(끝)

3 문장	9 코드그램	10 구	11 기능	12 절 수	13 피봇	14 절 유형	15 단어 의미
Le	Da-ms-d	2	–	1		독립절	
dormeur	Ncms	2	–	1		독립절	
du	Da-ms-d	4	–	1		독립절	
val	Ncms	4	–	1		독립절	
C′	Pd-..n	1|1	S	1	est	주절	
est	Vmip3s	2	V	1	est	주절	
un	Da-ms-i	4|4	B	1	est	주절	
trou	Ncms	4|4	B	1	est	주절	감옥
de	Sp	6|4	B	1	est	주절	
verdure	Ncfs	6|4	B	1	est	주절	
où	P tr-..-	–	–	2	chante	관계절	
chante	Vmips	8	V	2	chante	관계절	흥얼거리다 (fredonner)
une	Da-fs-i	10|10	T	2	chante	관계절	
rivière	Ncfs	10|10	T	2	chante	관계절	

해석요령

아홉 번째 칸 : Da-<성><수>d (정관사) ; Da-<성><수>i (부정관사) ; Nc<성><수> (보통명사) ; Pd-<성><수><범주> (지시대명사-<범주> : n=주어, a=직접목적보어, d=간접목적보어) ; Pt-<성><수><범주>(의문대명사) ; Sp (전치사), 동사 결합 V a/m n/i/s/c/f/p p/i/s/f/r/m/c/é/a 1/2/3 s/p (또는 분사인 경우 <성><수>) : a/m = '보조사'\|'주절', n/i/s/c/f/p = 서법(mode) ('n'=동사원형, 'i'=직설법, 's'=접속법, 'c'=조건법, 'f'=명령법, 'p'=분사), p/i/s/f/ r/m/c/é/a = 시제('p'=현재, 'i'=반과거, 's'=과거, 'f'=미래, 'r'=접속법 현재, 'm'=접속법 반과거, 'c'=조건법, 'é'=명령법, 'a'=과거분사), 1/2/3 = 인칭, s/p = '단수'\|'복수'

| 표7 | [→트리태거(Treetagger)]의 형태소 분석 결과 |

Le	DET : ART	le
dormeur	NOM	dormeur
du	PRP : det	du
val	NOM	val
C'	PRO : DEM	ce
est	VER : pres	être
un	DET : ART	un
trou	NOM	trou
de	PRP	de
verdure	NOM	verdure
où	PRO : REL	où
chante	VER : pres	chanter
ue	DET : ART	un
rivière	NOM	rivière

해석요령

DET : ART = 관사
NOM = 명사
PRP : det = 전치사+관사(au, du, aux, des)
PRP = 전치사
PRO : DEM = 지시대명사
PRO : REL = 관계대명사
VER : pres = 현재형 동사

표8 [→코르디알(Cordial)]과 [→트리태거(Treetagger)]의 주석 비교

형태소 분석기	해석 요령

코르디알

small   ADJFS(3행),   ADJINV(3행),
ADJMIN(1행), ADJMS(4행), ADJNUM
(1행),   ADJPIG(1행),   ADJSIG(1행),
ADV(4행), COO(1행), DETDFS(6행),
DETDMS(6행), DETPIG(5행), DETIFS
(1행), DETIMS(5행), DETPOSS(3행),
NCFP(1행), NCFP(13행), NCMP(5행),
NCMS(10행), NCSIG(1행),   MHMIN
(1행), PCTFAIB(12행), PCTFORTE(12
행), PDS(2행), PREP(11행), PRI(4행),
SUB(1행), VINF(1행), VPARPMS(1행),
VPARPRES(3행)

ADJMS 남성 단수 형용사
ADJINV 성수 불변 형용사
ADJMS 남성 단수 형용사
ADJNUM 기수 형용사
ADJPIG 성 불변 복수 형용사
ADJPSIG 성 불변 단수 형용사
ADV 부사
COO 등위접속사
DETDFS 여성 단수 정관사
DETDPIG 성 불변 복수 정관사
DETIMS 남성 단수 부정관사
DETPOSS 소유한정사
NCFP 여성 복수 보통명사
NCMP 남성 복수 보통명사
NCSIG 성 불변 단수 보통명사
PCTFAIB 약한 구두점
PCTFORTE 강한 구두점(문장 종결 표지)
PDS 단수 지시대명사
SUB 종속접속사
VINF 동사 원형
VPARPMS 남성 단수 과거 분사
VPARPRES 현재 분사

트리태거

ADJADV(11행), DET : ART(19행),
ART(19행), DET : POS(3행), KON
(1행), NOM(33행), PRO : DEM(2행),
PRO : PER (6행), PRO : REL(4행),
PRP(11행), PRP : det(3행), PUN(18
행), SENT(5행), VER : aux : pres(1
행), VER : cond(1행), VER : infi(1
행), VER : pper(1행), VERT : ppre(3
행), VER : pres(12행)

ADJ 형용사, ADV 부사, DET : POS
소유 한정사, KON 접속사, PRO : PER
인칭 대명사, PRP 전치사, PUN 구두점,
SENT 문장 마침표, VER : cond 조건
법, VER : ppre 현재 분사

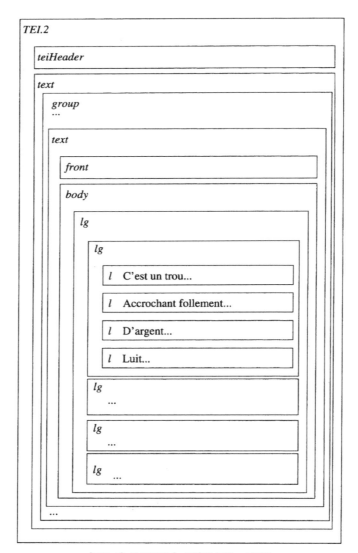

[그림 2] 시 예문의 [→TEI]식 표현 : 상자형

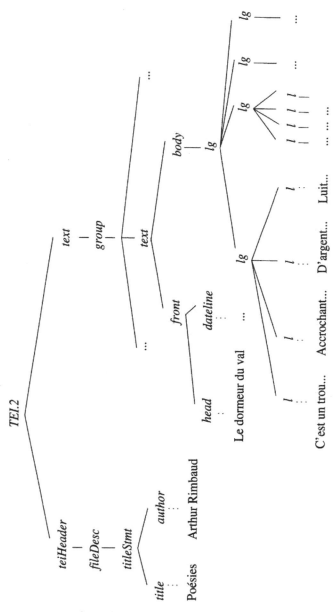

[그림 3] 시 예문의 [→TEI]식 표현 : 나무형

| 표 9 | 시 예문 구조를 [→TEI]로 주석하기 |

```
      <TEI.2>
1     <teiHeader>
      <fileDesc>
       <titleStmt>
        <title>Poésies</title>
5       <author>Arthur Rimbaud</author>
       </titleStmt>
      </fileDesc>
      </teiHeader>
10    <text>
       <group>
      ⋮
      <text>
      <front>
15     <head>Le Domeur du Val</head>
       <dateline>7 octobre 1870</dateline>
      </front>
      <body>
        <lg>
20       <lg>
          <l>C'est un trou de verdure où chante une rivière</>
          <l>Accrochant follement aux herbes des haillons</l>
          <l>D'argent : où le soleil : de la montagne fière,</l>
          <l>Luit : c'est un petit val qui mousse de rayons.</l>
25       </lg>
         <lg>. . .</lg>
         <lg>. . .</lg>
         <lg>. . .</lg>
        </lg>
30     </body>
      </text>
      ⋮
       </group>
      </text>
      </TEI.2>
```

제2장 주석, 선택의 문제

앞서 1장에서는 일부러 있는 그대로의 형태소 분석 결과 샘플을 제시하였다. 2장에서는 주석 작업과 주석된 데이터의 관계(1절), 그리고 개별적인 주석 양식과 표준 규범의 관계(2절)가 갖고 있는 다양한 양상을 살펴보겠다. 7장은 이들의 기술적인 측면과 전문지식 그리고 반드시 알아야 하는 정보를 제시하겠다. 7장의 결론에서는 방법론적 관점에서 질적인 종합평가(3절과 4절)를 내려보겠다.

1. 혼합 주석 / 고립 주석

주석은 텍스트에 대한 또 다른 텍스트인 '부가텍스트'이다. 물리적으로 주석과 주석의 대상이 되는 것 사이의 연결은 두 가지 다른 방식으로 이루어진다.

첫 번째 방식은 혼합 주석(*in situ annotation*)이다. 지금까지 살펴본 대부분의 주석이 보여준 바와 같이, 사용자는 데이터와 주석의 뒤섞여있는 상태에 맞닥뜨리게 된다. [→트리태거(Treetagger)]의 경우(표 7), 첫째 열은 데이터를, 둘째 열 이후부터는 주석을 표현한다. [→TEI]의 규범을 따르는 구조적인 표현의 경우(표 9) head와 l 안에 시 예문이 놓여 있고, 그 나머지 전체는 주석이다.

의도치 않게 1장의 예들이 보여준 것처럼, 혼합 주석은 매우 지배적이다. 그런데 이 방식은 어려움이 없지 않다. 동일한 수준에서 여러 분석기들이 만들어낸 결과물을 이해하는 것은 까다롭다. ([→코르디알(Cordial)]의 결과물에서 단어에 해당되지 않는 행들을 미리 삭제했다고 가정했을 때) [→코르디알(Cordial)]과 [→트리태거(Treetagger)]는 단어들을 서로 다른 방식으로 분절하기 때문에 분석된 단어들을 나란히 정렬할 수 없다. 혼합 주석에서는 상이한 수준에 속한 주석들을 합치는 것도 불가능하다. 앞서 언급한 주석들을 하나의 파일에 합치는 방법을 상상해내기 어렵다. 왜냐하면 분절 단위가 매우 다양하기 때문이다. [→플램(Flemm)/데리프(Derif)]와 [→코르디알(Cordial)]과 [→트리태거(Treetagger)]에서는 단어(의 일부)가 분절 단위이고, [→생텍스(Syntex)]에서는 레마나 구가, 메트로미터에서는 음절과 시행이, 구조적인 주석에서는 시행과 연이 분절 단위가 된다.

또 다른 방법은 고립 주석이다(*stand off annotation*, "따로 떨어져 있는" 독립적인 주석). 이 주석은 원거리 주석이라고 부르기도 한다. 이 방식은 데이터들이 지표 시스템을 갖추고 있다고 가정한다(그래서 일차 데이터라고도 한다). 이 방식으로 시 예문을 변형시킬 수 있다. 텍스트의 맨 처음은 0에 해당되고, 문자 하나가 이동 단위이다. 텍스트의 끝의 마지막 구두점 뒤에 712점이 있다.

0             $_{15}$Le$_{17}$ $_{18}$Dormeur$_{25}$ $_{26}$du$_{28}$ $_{29}$Val$_{32}$

$_{36}$C'$_{38}$est$_{41}$ $_{42}$un$_{44}$ $_{45}$trou$_{49}$ $_{50}$de$_{52}$ $_{53}$verdure$_{60}$ $_{61}$où$_{63}$ $_{64}$chante$_{70}$ $_{71}$une$_{74}$ $_{75}$rivière$_{82}$

⋮

$_{566}$Les$_{569}$ $_{570}$parfums$_{577}$ $_{578}$ne$_{580}$ $_{581}$font$_{585}$ $_{586}$pas$_{589}$ $_{590}$frissonner$_{600}$ $_{601}$sa$_{563}$ $_{604}$narine$_{610}$ $_{611}$;$_{612}$

$_{614}$Il$_{616}$ $_{627}$dort$_{621}$ $_{622}$dans$_{626}$ $_{627}$le$_{629}$ $_{630}$soleil$_{636,637}$ $_{638}$la$_{640}$ $_{641}$main$_{645}$ $_{646}$sur$_{649}$ $_{650}$sa$_{652}$ $_{653}$poitrine$_{661}$

$_{663}$Tranquille$_{673,674}$ $_{675}$Il$_{677}$ $_{678}$a$_{679}$ $_{680}$deux$_{684}$ $_{685}$trous$_{690}$ $_{691}$rouges$_{697}$ $_{698}$au$_{700}$ $_{701}$côté$_{705}$ $_{706}$droit$_{711,712}$

따라서 그 크기가 어떠하든지 모든 데이터의 위치를 알 수 있다. 제목은 좌표 15-32를, dormeur는 좌표 18-25를, dorm는 좌표 18-22를, 접미사 -eur는 좌표 22-25를 갖는다. 이것이 [→주석 그래프(Annotation Graphs)][7]가 선택한 방식이다. 좌표들은 하나의 그래프를 구성하는 노드들이고 데이터들은 하나의 노드에서 다른 노드로 이어지는 선이다(시의 제목은 15번 노드에서 32번 노드로 이어진다). 표 10은 고립 주석에 의해 가능해진 주석들을 정렬해 놓은 것이다. 게다가 여러 종류의 주석들은 다양한 관계를 맺고 있다. 이 관계들은 서로 평행선을 이루기도 하고(예: 단어로 분절하기와 음절로 분절하기), 대안적이기도 하며(예: [→코르디알(Cordial)]의 형태소 분석과 [→트리태거(Treetagger)]의 형태소 분석), 상호 의존적이기도 하다([→생텍스(Syntex)]가 생성하는 관계들은 [→트리태거(Treetagger)]가 제공한 레마에 기반한다).

---

7) 버드(S. Bird) & 리버만(M. Liberman), '언어 주석을 위한 형식적 틀(A Formal Framework for Linguistic Annotation)', *Speech Communication*, 2001, n°33, p.23-60(http://arXiv.org/abs/cs/0010033)

표10 주석 그래프로 표현한 시 예문의 제목

TEI	head				
생텍스		N dormeur R mod l			N val r mod l
매트로미터	(l@)	(dor)	(moer)	(du)	(val)
플랩/데리프		NOM	suffixe		
트리태거	DET:ART	NOM		PRP:det	NOM
코르디알	DETDMS	NCMS		DETDMS	NCMS
레마	l e	d o r m e u r		d u	v a l
문자	L e	D o r m e u r		d u	V a l

이렇게 주석 그래프로 표현하는 방식은 일반화될 수 있다. 구어의 경우 녹음 시작 부분부터 천분의 일초 단위로 셀 수 있고, 이미지의 경우 이차원 좌표를 사용한다(길이x폭). [→트랜스크라이버(Transcriber)]는 고립 주석의 프로토타입의 예를 제공한다. 전사문은 소리 신호와 섞이지 않고 소리 신호를 가리키는 역할을 한다. 두 개의 목소리로 시 예문을 낭독한 후 트랜스크라이버가 만들어낸 전사문에서(그림 1), 저장 파일은 '발화문'인 il a froid가 녹음 시작 후 29.354초에 시작되어 30.638초에 끝났다는 것을 알려준다. 표 11은 재생된 녹음의 일부분에 해당하는 주석 그래프를 제시한 것이다. 고립 주석은 오페라의 영역 집단을 닮았다. 예를 들어 가사, 무대 지시 (연기 지시) 그리고 여러 악기들은 여러 줄로 표현되어 통합된다. 게다가 고립 주석은 소유하거나 변형시킬 수 없는 데이터들을 주석할 수 있게 한다. 그리하여 과거의 특정한 시대를 지정하여 레지아니(S. Reggiani)가 낭독한 '골짜기에 잠들어 있는 사람'을 주석할 수 있고, 처음에 만들어진 녹음 자료를 제공하지 않고서도 결과물을 사용할 수 있게 할 수 있다.

표 11 주석 그래프로 표현한 [→트랜스크라이버(Transcriber)]의 분석 결과

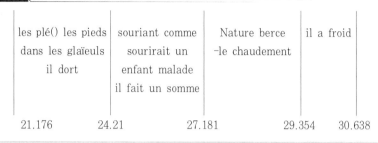

les plé() les pieds dans les glaïeuls il dort	souriant comme sourirait un enfant malade il fait un somme	Nature berce ¬le chaudement	il a froid
21.176	24.21	27.181	29.354	30.638

2. 개별 주석 형식 대 표준 규범

지금까지 제시한 대부분의 주석 결과들은 **개별 주석 형식**에 속한다. 이들은 특정 소프트웨어의 출력물을 위해 개발된 것으로 자료의 상호 교환이나 후속 작업의 용이성을 예상하지 않았다. 게다가 이들은 직접적으로 관련된 '해석 요령'을 포함하지 않고 있는 경우가 많기 때문에, 나중에 이를 추가해야만 했다. 트리태거의 분석 결과를 읽으면서 첫째 열이 단어이고 둘째 열이 품사이고 셋째 열이 레마라는 것은 유추해낼 수 있지만 그 어떤 것도 그렇다고 단언해 주는 자료는 없다. (예를 들어 형태 통사 성분의 목록이나, 내연적인 또는 외연적인 정의에 대해) 정해놓은 규범을 갖고 있지도 않다.

개별 주석 형식의 일부는 해당 소프트웨어의 출력물이 다른 소프트웨어에서 쉽게 사용될 수 있도록 최소한의 규범을 갖추고 있다. [→코르디알(Cordial)]과 [→트리태거(Treetagger)]가 분석한 시 예문의 제목과 첫 번째 단어를, 화면이나 종이에 보이는 대로가 아니라(표 5, 6, 7) 컴퓨터에 저장되는 형태로, 다시 말해서 문자열의 형태로 비교해 보자. [→트리태거(Treetagger)]는 경계 설정 형식(format délimité)을 사용한다. 열은 임의의 문자로 구별되는데, 여기에서는 '탄력적인' 빈칸에 해당되는 탭(*tab*)으로 구별

되고(탭은 워드(Word) 프로그램에서는 →에 가까운 화살표로 표현된다), 유닉스
(Unix) 버전에서 행은 문자(여기에서는 \n *newline*으로 표기된다)로 구별된다.

Le→DET:ART→le \ndormeur→NOM→dormeur \ndu→PRP:det→du
\nval→NOM→val \n C′→PRO:DEM→ce \n

많은 소프트웨어들은 이러한 경계 설정 형식을 받아들이는 법을 알고
있다(열의 값이 쉼표(*comma*)에 의해 구별될 수 있기 때문에 csv, comma separated
value라고 불리기도 한다). 엑셀(Excel)과 같은 스프레드시트 프로그램과 엑세
스(Access)나 MySQL과 같은 데이터베이스 관리 프로그램의 경우가 그러
하다. 그러나 [→코르디알(Cordial)]은 이것과 매우 다른, 고유한 형식(개별
주석 형식)을 사용한다. [→코르디알(Cordial)]의 출력 형식에서 대부분의 행
은 15개의 열을 포함하지만, 일부 행들은 2개의 열만 포함한다(이 2개의 열
은 문장의 시작과 끝에 해당된다). 행의 끝은 두 개의 문자, 즉 \n이 뒤따르는
\r로 표시된다.

단어→§→문장→대화→레마→중의적인 경우의 수→타이퍼그램(Typergram)
→ 코드엑사(CodeHexa) → 코드그램(Codegram) → 구절 → 기능 → 절
(proposition)의 수→피봇→절의 유형→단어 의미→ \r \n→ ==== 문
장 시작 ==== \r \nl→1→Le→1→le→A2→DET-DMS→0xA000
→D a - m s - d→2→-→1→→독립적 \r \n→1→→dormeur→2→
dormeur →A2→NCMS→0xA000→N c m s→2→-→ㅔ→→독립적→
인칭 \r \nl→1→→du→3→du→→DETDMS→0xA000→D a - m s -
d→4→-→1→→독립적 \r \n→ ==== 문장 끝 ==== \r \n \r \n
→ ==== 문장 시작 ==== \r \n \r \r \r \n2→2→→C′→1→ce -
→A2→PDS→0xF080→P d - . . n →1|1→S→1→est→주절 \r \n

데이터베이스로 출력하는 작업은 상대적으로 복잡하다. 코르디알은 주
석되지 않은 입력 데이터가 오류가 없는 '깔끔한' 텍스트라고 가정한다.

개행, 또는 행간 구별은 [→코르디알(Cordial)]과 [→트리태거(Treetagger)]에서 동일한 방식으로 수행되지 않으며, 이들을 지원하는 운영체제의 행간 구별을 따른다. 윈도우즈에서는 두 개의 문자(\r\n)를 사용하고, 유닉스나 리눅스에서는 하나의 문자(\n)를 사용한다.

이 소프트웨어들의 출력물을 이용하여 후속 작업을 수행하는 일은, 이들이 개별 주석 형식을 사용하는지, 구조화가 덜 된 형식을 사용하는지, 또는 형식에 관한 규범이 명시적이지 않은지에 따라 중단될 수 있다. 주석들을 재처리하거나 합칠 수 있으려면 XML을 중심으로 더 잘 구조화된 형식에 운을 걸어야 한다. 구조화된 주석(표 9)은 선례를 제공한다. 잘 지켜지지 않고 묵시적인 규범(탭, 행간 구별) 대신, 표식(balise)을 사용하면 구조가 분명하게 드러나고, 쉽게 주석들을 반복적으로 사용하고 발전시킬 수 있다. 이 때문에, [→생텍스(Syntex)]와 [→플램(Flemm)/데리프(Derif)] 같은 언어처리 소프트웨어들은 2장에서 살펴본 출력물 외에 XML로 형식화된 출력물을 사용한다. 7장에서는 이 분야의 가능성에 대해 자세히 이야기하겠다(7장 6절 참조).

규범(norme)과 표준(standard)를 구별해야 할 필요가 있다. **규범**은 AFNOR(Association Française de Normalisation)와 같은 국가 차원의 기구나 [→ISO](International Organization for Standardization)와 같은 국제기구가 정한 것이고, **표준**은 사용자 집단이 명시적으로 승인한 것이다. XML의 조상격인 SGML은 1986년 ISO에 의해 규범으로 채택되었다. XML은 웹(Web)을 관리하는 컨소시엄인 [→W3C]가 특별히 장려하는 국제 표준안이며 곧 규범으로 승격될 것이다. 주석의 구조화에 사용된 TEI의 규정들은 인문학에서 통용되는 데이터와 메타데이터와 관련하여 1994년 만들어진 XML 기반 표준안을 구성한다. 말뭉치의 언어학 주석과 관련된 또 다른 표준안인 [→XCES]도 XML에 기반한 것으로 고립 주석 형식을 바탕으로 한다. 표 12는 [→XCES]의 규정을 사용하여 시 예문의 첫째 시행을 [→코르디알(Cordial)]로 분석한 결과를 옮겨 놓은 것이다. 개별 단어는 tok(*token*)에 해당하고, tok은 단어의 철자 표현을 가리키는 orth와, 레마(base)와 두 개의 주석(msd와 tag)을 포함하고 있는 lex로 구성된다. 표준이나 규범이 갖는 장점은 참조가 될 수 있는 메타언어를 제공한다는 것이다. 메타언어에서는 새로 만들어진 개념들이 명시적으로 정의되어 있어서 있는 그대로 재사용될 수 있다. 그래서 [→TEI]는 텍스트 데이터와 이들과 관련된 메타데이터(헤드 head), 그리고 연극, 시, 구어 등에 특화된 요소들의 작용에 필요한 핵심적인 기본 요소들을 정의하고 있다. [→TEI]는 대표적인 텍스트 유형('텍스트군')과 이들의 구성 요소들의 목록을 제공한다.

표12 [→XCES] 형식에 따라 [→코르디알(Cordial)]이 분석한 시 예문

```
. . .                          <tok>
<tok>                            <orth>un</orth>
  <orth>C'</orth>                <lex>
  <lex>                           <base>un</base>
   <base>ce</base>                <msd>D a - m s - i</msd>
   <msd>P d -..n</msd>            <ctag>DETIMS</ctag>
   <ctag>PDS</ctag>              </lex>
  </lex>                        </tok>
</tok>                          <tok>
<tok>                            <orth>trou</orth>
  <orth>est</orth>               <lex>
  <lex>                           <base>trou</base>
   <base>être</base>              <msd>N c m s</msd>
   <msd>V m i p 3 s</msd>         <ctag>NCMS</ctag>
   <ctag>VINDP3S</ctag>          </lex>
  </lex>                        </tok>
</tok>                           . . .
```

3. 불완전한 도구들

1장에서 주석 도구들이 여러 단어로 이루어진 단어들을 고려하지 않았다고 비판받을 수 있다는 것을 보았다. 추가적으로, *Les parfums **ne font pas** frissonner sa narine*의 부정 표현처럼 연속적으로 출현하지 않는 단어들로 구성된 단어들이 일으키는 특수한 문제를 지적할 수 있을 것이다.

언어처리 소프트웨어들을 완벽하지 않다. 이들은 실수를 저지른다. *rivière*에 대해서 [→코르디알(Cordial)]이 제공하는 레마는 프티 로베르 사전(Petit Robert)[8]이 인정하지 않는 형태인 *rivier*이다. 시 예문의 3행에 나오는 *Argent*은 ADJNV, 불변 형용사(*une robe argent*에서처럼)로 분석된다. 10행에 나오는 *somme*는 레마 *somme*로 제대로 분석되지만, NCFS, 여성 단수 고유 명사로 잘못 분석된다. 즉, 휴식을 뜻하는 somme가 아니라 돈의 합계를 뜻하는 somme로 분석되고 있는 것이다. [→트리태거(Treetagger)]는 *rivière*의 레마를 *rivière*로 분석하지만, *argent*을 명사 NOM로 잘못 분석하고, 4행의 *mousse*도 명사 NOM이라고 잘못 분석한다(*mousse*는 동사이다. *qui mousse de rayons*). 7행의 *nue*는 NOM이라고 제대로 분석되고 있지만(*sous la nue*), 5행(*tête nue*)에서는 공교롭게도 NOM으로 잘못 분석되고 있다. [→트리태거(Treetagger)]의 출력물을 이어받아 후속 작업을 수행하는 [→생텍스(Syntex)]와 [→플램(Flemm)/데리프(Derif)]는 당연히 잘된 분석뿐만 아니라 잘못된 분석도 이어받는다(표 2와 3). 이들은 오류를 추가한다. [→생텍스(Syntex)]는 *il a froid*의 *a froid*를 à froid에서 악상이 빠진 것으로 간주하여 부사로 분석한다.

인간이 주석하는 것에 비해 주석 도구가 나은 점 가운데 하나는 도구들의 동작이 재생가능하다는 점이다. 같은 데이터를 두고 주석 도구들은 항상 동일한 결과를 생성해낸다. 주석 도구를 가장 잘 사용하는 법은 이러

---

8) (역주) 대표적인 프랑스어 사전.

한 안정성을 활용하여 규칙적으로 반복되는 정확한 분석과 잘못된 분석, 그리고 해결 방법을 알아내는 것이다. 그래서 [→트리태거(Treetagger)]와 관련된 자료들은 차후에 이루어질 수 있는 수정 작업을 용이하게 하기 위하여 가장 자주 발견되는 오류들을 알려준다.

다시 말해서, 주석은 수정할 수 없는 신성불가침한 데이터가 아니라 수정하고 발전시킬 수 있어야 하는 일시적인 결과물이다. [→트리태거(Treetagger)]의 분석 결과를 데이터베이스로 출력하는 것(7장 4절 참조)은 이러한 수정 작업을 용이하게 한다.

주어진 수준에서 주석을 개선하는 방법 가운데 하나는 동시에 여러 소프트웨어를 작동시켜서 얻은 결과물들을 조합하는 것이다. [→코르디알(Cordial)]과 [→트리태거(Treetagger)]의 분석 결과를 나란히 배치해 보자. 표 13은 어느 한 분석기가 제대로 분석하고 다른 분석기가 오류를 범한 곳들을 굵은 글씨로 보여준다. 구두점을 삭제하면 시 예문은 124개 단어를 갖고 있다. 성수 일치 오류가 7개 단어에서 나타난다(6% 이하). [→트리태거(Treetagger)]는 [→코르디알(Cordial)]의 오류 3개를 수정하게 해주고(*rivière*와 *argent*에 대해서는 정확한 레마를 제시하고 *Nature*에 대해서는 불변 형용사가 아니라 명사임을 보여준다), 반대로 [→코르디알(Cordial)]은 [→트리태거(Treetagger)]의 오류 4개를 수정해 준다(*mousse*가 명사가 아니라 3인칭 단수 직설법 현재형이고, *tête nue*의 *nue*는 명사가 아니라 여성 단수 형용사이며, *comme*는 부사가 아니라 종속 접속사이고, *berce*는 3인칭 단수 직설법 현재형이 아니라 2인칭 단수 명령형임을 보여준다). 나머지 부분에서 분석 결과가 일치한다는 사실은 이 단어들의 분석 결과에 대한 신뢰도를 높여준다(표의 *chante*, *une*와 *tête*의 경우). 두 개의 분석기를 조합하면 분석 결과를 수동으로 확인하는 시간을 크게 줄여준다는 점이 확인된다. 적어도 처음 단계에서는 분석 결과의 차이에 만족할 수 있다. 이와 같이 소프트웨어들을 조합하는 기술은 통사 분석9) 등과 같은 다른 차원에서 이루어진다. 이 기술들은 세 가지 유형의 문제가 해결되었다고 가정한다. 우선 소프트웨어들이 만들어낸 결과물들이 나란히 정렬될 수 있어야 한다. 주석 결과물을 비교하기 위한 기준 성분들에 대한 고려가 있어야 한다(여기에서는 품사가 선택되었다). 마지막으로 분석 결과에 차이가 있을 때 어떻게 할지 결정해야 한다(여러 소프트웨어들이 경쟁할 때에는 '투표' 과정에 의존해야 한다. 다수의 소프트웨어들이 분석한 결과를 선택한다).

4. 언어처리 소프트웨어들을 아는 것과 수정하는 것

계측 도구들이 사용 조건을 갖고 있듯이(의료용 온도계는 35도에서 41도까지만 잴 수 있다), 주석 도구들도 모든 경우에 다 적합한 것은 아니다. 예를 들어 형태소 분석기는 '문명화된' 텍스트에 초점이 맞추어져 있다. 이모티콘이나 대화를 표현하는 표식들이 많이 들어 있는 이메일은 표준 문어 프랑스어를 정확하게 분석할 확률, 95-97%보다 훨씬 낮은 분석 성공률을 보여준다. 경우에 따라서 이런 유형의 데이터에는 언어처리 소프트웨어를 사용할 수 없다는 결론을 내리거나, 형태소 분석을 수월하게 하기 위해서 이런 유형의 데이터는 미리 '손질'을 해야 한다는 결론을 내리게 된다. 후자의 예를 들어 보자. 앞서 우리는 [→코르디알(Cordial)]이 맨 처음 출현하는 대문자 때문에 시행들을 독립적인 문장으로 인식한다는 것을 보았다(시행이 마침표로 끝나지 않으면 이 소프트웨어는 시의 제목도 동일한 방식으로 처리한다). 줄바꿈과 시행의 첫 대문자를 삭제하여 시의 형태적인 구조를 포기하면, [→코르디알(Cordial)]의 분석 결과는 개선된다. ADJINV로 간주

---

9) 몽소(A. Monceaux) & 빌나(A. Vilnat), 2003, '평가와 투사 그리고 엄밀한 통사 분석 조합(Evaluation, projection et combinaison d'analyses syntaxiques robustes)', *TAL*, vol. 44, n°3, p.187-214.

되었던 3행의 *argent*은 NCMS, 즉 남성 단수 보통명사로 분석된다(표 15). 그래서 흔히 주석 도구를 적용하기 전에 원 데이터들을 먼저 깔끔하게 만들고 규범에 맞게 수정한다.

표 13 [→코르디알(Cordial)]과 [→트리태거(Treetagger)] 조합하기

행	코르디알				트리태거			
	단어	레마	성분	품사	단어	레마	성분	품사
	⋮				⋮			
1	chante	chanter	VIND-P3S	V	chante	chanter	VER:pres	V
1	une	un	DETIFS	D	une	un	DET:ART	D
1	rivière	rivier	NCFS	N	rivière	**rivière**	NOM	N
	⋮				⋮			
3	argent	argent	ADJI-NV	A	argent	argent	**NOM**	N
	⋮				⋮			
4	mousse	mousser	**VIND-P3S**	V	mousse	mousse	NOM	N
	⋮				⋮			
5	tête	tête	NCFS	N	tête	tête	NOM	N
5	nue	**nu**	**ADJFS**	A	nue	nue	NOM	N
	⋮				⋮			
9	comme	**comme**	**SUB**	C	comme	comme	ADV	R
	⋮				⋮			
11	Nature	nautre	ADJ-INV	A	Nature	nature	**NOM**	N
11	berce	bercer	**VIMP-PS2**	V	berce	bercer	VER:pres	V
	⋮				⋮			

해석요령

POS(Part of Speech, 품사) 열에 대한 해석 요령 : A(형용사), C(접속사), D(한정사), N(명사), R(부사), V(동사)

표14 '문장'으로 표현한 시 예문

Le Dormeur du Val

C'est un trou de verdure où chante une rivière accrochant follement aux herbes des haillons d'argent ; où le soleil ; de la montagne fière, luit ; c'est un petit val qui mousse de rayons. (중략) Les parfums ne font pas frissonner sa narine ; il dort dans le soleil, la main sur sa poitrine tranquille. Il a deux trous rouges au côté droit.

표15 [→코르디알(Cordial)]과 시 예문의 두 개 버전

행			문장		
. . .			. . .		
rivière	rivier	NCFS	rivière	rivier	NCFS
==== FIN DE PHRASE ====					
==== DEBUT DE PHRASE ====					
Accrochant	accrocher	VPARPRES	Accrochant	accrocher	VPARPRES
follement	follement	ADV	follement	follement	ADV
aux	au	DETDPIG	aux	au	DETDPIG
herbes	herbe	NCFP	herbes	herbe	NCFP
des	de	DETDPIG	des	de	DETDPIG
haillons	haillon	NHMIN	haillons	haillon	NHMIN
==== FIN DE PHRASE ====					
==== DEBUT DE PHRASE ====					
D′	de	PREP	D′	de	PREP
argent	argent	ADJNV	argent	argent	NCMS
;	;	PCTFORTE	;	;	PCTFORTE
==== FIN DE PHRASE ====			==== FIN DE PHRASE ====		

제3장 텍스트

텍스트 베이스, 또는 다양한 형태로 존재하는 프랑스어 디지털 텍스트들이 있다. 1절에서는 이 가운데 접근 가능한 자료들을 검토해 보려 한다. 그런데 '텍스트'라는 단어는 두 가지 의미로 이해될 수 있다. 우선 문장들의 연속체로서, 통사 분석, 공지시관계(coréférence) 주석 등 그 자체로 분석 가능한 자료로 이해될 수 있다. 이러한 차원은 2절에서 소개할 것이다. 그리고 텍스트는 고유한 조직화 규칙을 가진 독립적인 구조체로 이해될 수 있다. 3절은 '자동 요약(résumé automatique)'이나 주제 분절(segmentation thématique)을 통해 두 번째 의미의 텍스트를 소개하는 데 할애될 것이다.

1. 텍스트 베이스와 '무료' 텍스트

문학 텍스트를 제외하면 프랑스어는 (용례와 다양한 장르가 고려된 대표적인 말뭉치의 의미로서) '참조' 텍스트 베이스를 갖고 있지 않지만, 매우 다양하고 용법을 정의해야 하는 텍스트들을 갖고 있다.

거의 반 세기 동안 수집하고 수정하고 발전시킨 결과물인 [→프랑텍스트(Frantext)]는 (이것저것을 섞어 놓은 말뭉치에 포함된 표본 텍스트들과는 대조적으로) 약 4천 개의 완전한 텍스트들을 포함하고 있으며, 이 가운데 절반 정도는 형태 통사 주석이 이루어져 있다(하지만 레마 분석은 되어 있지 않다). 또한 프랑텍스트는 약 2억 2천만 개의 단어(1억 3천만 개의 단어가 분석되어 있다)와 천여 명의 저자들을 포함하고 있다. 원래 이 텍스트 베이스는 현재는 디지털화되어 [→TLFI]가 된, 17권 규모의 TLF(Trésor de la langue française)10)(5장 1절 참조)를 저술하기 위하여 구축되었다. 여기에 제시된 언어는 특히 16세기부터 20세기까지 사용된 문어이다(80%가 문학작품이고 20%가 기술 서적이다). [→프랑텍스트(Frantext)]의 상당 부분은 [→ARTFL (*American and French Research on the Treasury of the French Language*)]에 포함되어 있으며, [→ARTFL]에는 이 밖의 다른 자료들도 포함되어 있다. 이 두 개의 텍스트 베이스에 대한 접근은 제한되어 있으며, 대학 도서관과, 언어학이나 문학 연구소의 회원 가입을 통해 이루어진다. 일단 접근이 허용되고 사용이 시작되면 [→프랑텍스트(Frantext)]는 작업을 수행할 말뭉치, 다시 말해서 진행 중인 연구에 적합하다고 판단된 텍스트들의 집합을 선택하도록 한다. 텍스트 전체를 선택할 수도 있고, 특정 시대, 특정 장르, 특정 저자, 특정 텍스트들 또는 이 기준들을 조합해서 선택할 수 있다. 이러한 사용 방법은 연구하고자 하는 언어(특히 문학적인 언어)의 용례들을 명확하게 선택할 수 있게 해준다. 이 텍스트 베이스는 스텔라(Stella)라는 특별한 질의 언어를 통해 질문을 받는다. 스텔라는 다른 환경에서도 볼 수 있는 기능과 필터링뿐만 아니라 고유한 기호체계를 제공한다. 게다가 사용자는 리스트(이름이 붙여진 단어들의 집합)를 정의할 수 있다. 이 리스트는 사용자가 텍스트 베이스에 접속되어 있는 동안 유효하다. 이

---

10) (역주) 대표적인 프랑스어 전통 문법서.

리스트들은 검색 과정에서 단축어의 역할을 한다. 시 예문에서 색상 형용사와 색상 형용사가 수식하는 명사의 리스트(*haillons, cresson, lit, trous*)를 만들고, 랭보가 선택한 단어들의 결합 관계가 자주 나타나는지를 확인하기 위하여, 19세기 말에 발표된 시 가운데 이 두 개의 리스트에 포함된 단어들이 함께 출현하는지를 검토할 수 있다. 사용자는 또한 좀 더 복잡한 필터라 할 수 있는 '문법'을 작성할 수 있다. 단어에 부여된 주석들은 비록 엄밀한 의미의 통사 구조를 보여주는 수형도를 사용하지는 않지만, 상당수의 통사 현상들을 통해 이미 검증된 바를 제공한다. 빈도 계산은 연구에 사용된 말뭉치에서 획득된 빈도를 말뭉치 전체에서 획득된 빈도와 비교함으로써, 주어진 빈도에 정확한 의미를 부여할 수 있게 한다. 또한 한 문장 안에서 혹은 선택된 기준점 앞뒤로 k 번째 단어라고 설정된 범위 안에서, 주어진 단어와 함께 출현한 단어들을 검토할 수 있다. 그리고 이렇게 분석된 결과물을 내려 받을 수 있다. 내려 받을 수 있는 말뭉치는 이것이 무료 텍스트에 포함된 것인지 아니면 저작권이 있는 텍스트에 포함된 것인지에 따라, 아주 적은 분량일 될 수도 있고 다소 많은 분량이 될 수도 있다. 이 결과물들은 다른 도구나 언어처리 소프트웨어에 의해 다시 처리될 수 있다. 예를 들어 연구가 이루어진 단어들을 포함하는 문장들을 데이터베이스의 표제어로 만들 수 있다(7장 4절).

인터넷상에서 질의를 할 수 있는 특별한 텍스트 베이스들이 있다는 것을 주목하자. [→COLISciences](과학 저술 말뭉치 COrpus de LIttérature Scientifique)는 19세기의 과학저술 가운데 매우 중요한 6천 페이지를 수집한 것이고(생 틸레르(Geoffroy Saint-Hilaire), 베르나르(Claude Bernard) 등), [→ 퀘벡 어휘 말뭉치(Corpus lexicaux québécois)]는 퀘벡 지역의 다섯 개 대학교가 구축한 약 15개 말뭉치(문학 텍스트, 기행문, 언론 보도문)에 접근할 수 있게 한다. 이 두 텍스트 베이스에서 검색을 수행하면 텍스트의 일부분을 볼 수 있다. [→COLISciences]는 저자간, 학문간, 영역간, 개념간, 단어간 하이퍼텍스트 연결을 강조한다. 여기에서는 대조 연구 목적으로 어느 한 영역 또는 한정된 하나의 유형에 속한 텍스트들을 얻을 수 있다. [→엘라 (ELRA)]는 대중과학 잡지인 『라 르세르쉬(La Recherche)』의 1998년 기사 DB를 상업화하였다. [→프리다(FRIDA)](프랑스어 상호언어 데이터베이스 FRench Interlanguage DAtabase)는 외국어로서의 프랑스어 학습자들이 쓴 텍스트들을 포함하고 있다.

자세한 서지 정보를 갖고 있는 이러한 텍스트 베이스와 함께, 일부 사이트들은 저작권으로부터 자유로운 텍스트들을 인터넷에 올려놓았다(부록의 '관련링크' 참조). 어떠한 서지 정보도 갖추고 있지 않은 이 텍스트들은 일반적으로 현대에 만들어진 저작물이 아니다. 어떤 데이터들은 공공 영역에서 생겨나기도 하지만(예를 들어 공공기관에서 만들어진 텍스트) 다른 데이터들은 공공 영역에서 사용되기 위해서는 저작권이 소멸되기를 기다려야만 하기 때문이다(프랑스에서는 저자 사후 70년). 무료 텍스트들은 대조 목적으로 말뭉치 또는 말뭉치의 일부분을 구성하게 한다. 이 경우 문학 텍스트들(경우에 따라서는 아주 적은 수의 텍스트들)이 지배적이다(그러나 법이나 사회학 등 사회과학 텍스트들도 있다). 이 텍스트들을 사용할 때에는 여러 가지 문제가 발생한다. 첫째, 선택된 텍스트들이 실제로 저작권에서 자유로운지 확인해야 한다(인터넷에 텍스트를 공개한다는 것은 텍스트들이 받게 될 위험들 가운데 복제 가능성을 포함시킨다). 둘째, 참조한 종이 책이나 디지털 책과 관련하여 제공된 판본을 확인해야 한다. 인터넷상의 '골짜기에 잠들어 있는 사람'의 판본들(부록의 '관련링크' 참조)은 인터넷에서 사용가능한 소스들 가운데 신뢰성이 부족한 많은 예를 제공한다. 어떤 페이지들은 시행들이 왼쪽부터 정렬되어 있지 않다(일본의 하이쿠처럼). 어떤 페이지들은 대문자 사용이 다른 판본을 포함하고 있다. 5행의 경우 *Un soldat jeune, Bouche ouverte, Tête nue*(http://membres.lycos.fr/cltureg/Extrais/ledormeur.html)라고 되어 있기도 하고, 시행의 맨 처음을 빼면 유일한 대문자는 제목에만 나

타난다 : Le Dormeur du Val. 다른 경우에는 12행에 오류가 있는 판본을
제공한다 : *Les parfums ne font **plus** frissonner sa narine.* 따라서 이
부분에 대한 번역도 오류를 범하게 된다 : *The scents **no longer** make
his nostrils twitch*(http://www.brindin.com/pfrimdo2.htm). 또 다른 판본은
그대로 사용할 수가 없다(http://www.french.fau.edu/2203/Lecture1_CH3.htm). 어
떤 단어들은 괄호 안에 영어 번역이 들어가 있다(12행 : *Les parfums ne font
pas frissonner (shiver) sa narine (nostril)*). 셋째, 사용하고자 하는 언어처리
소프트웨어에 맞게 텍스트를 준비해야 한다. 이 때에도 시 예문의 인터넷
판본은 검색 요소, 이미지 요소, 공지 요소, 부가 텍스트 요소(텍스트 설명,
랭보의 생몰년 등과 같은 데이터) 등으로 채워져 있다.

　웹은 '말뭉치 시장'처럼 여겨지기도 한다. 웹 페이지나 웹 사이트를 '흡
입하는 데' 필요한 도구들은 실제로 적지 않다. 그럼에도 불구하고 기술적
으로나 법적으로 웹은 말뭉치로 사용되기 어려운 점을 많이 갖고 있다.
웹 페이지들은 검색 엔진을 통해 접근되는데, 검색 엔진은 모든 웹을 검
색하지 않지도 않고, 동일한 방법으로 검색하는 것도 아니다. 게다가 동
일한 검색 엔진은 상당히 짧은 시간 안에 생성된 질의에 대해서는 상이한
대답을 줄 수도 있다. 질의의 결과는 적합하지 않은 많은 문서들을 포함
하고 있다. '골짜기에 잠들어 있는 사람'이라는 질의는 이 시에 대한 풍자
물('계단 골방에 잠들어 있는 사람', '이제르 골짜기에 잠들어 있는 사람'), 랭보에게
이 시에 대한 설명을 요구하는 어느 고등학생의 진위를 알 수 없는 편지
(http://www.dialogus2.org/RIM/dormeurduval12.htm), '골짜기에 잠들어 있는
사람'이라는 별명을 가진 괴상한 옷차림을 한 칡부엉이에 대한 웹 페이지,
(카롤 라부아(Carole Lavoie)의) 동명 저작물의 주문 양식, 골짜기에 잠들어
있는 사람이라는 전설을 인용한 공상과학 소설 등을 수집한다. 게다가 웹
의 일부는 (예를 들어 인증 장치 때문에) 숨겨진 채로 남아있다. 웹 사이트에
서 작동하는 기술들의 복잡성이 증가하면서 텍스트를 찾는 것은 어렵거

나 무모한 것이 되었다. 찾아낸 자료의 언어적 지위는 불확실한 상태로 남는다(이 점은 8장 3절에서 명확하게 언급할 것이다). 이것은 디지털 텍스트를 손에 넣기가 기술적으로 가능하기 때문이 아니라 검색된 자료들의 사용이 적법하기 때문이다.

2. 문장 주석

나무형 말뭉치(corpus arborés), 즉 통사 수형도를 갖춘 말뭉치는 어휘론에서 유용한 언어자원이다. 이러한 말뭉치는 주어진 단어가 출현하는 큰 구조들과, 이 구조들 사이의 관계, 그리고 가능한 의미들을 보다 쉽게 결정하게 해 주기 때문이다. 그리하여 우리는 단어들이 의존하는 연산자(opérateur)와 단어들이 지배하는 피연산자에 의해 단어를 기술하는 해리스(Z. Harris)와 유사한 관점을 취한다. 엄밀한 의미의 통사적 수준에서 나무형 말뭉치들은 여러 문법 규칙들의 '생산성'(문법 규칙들은 생산성이 동일하지 않다)과 일반화 가능성(일부 규칙들은 한정된 어휘들에 긴밀하게 연결되어 있다)을 평가할 수 있게 한다. 이것은 블랑쉬 벤베니스트(C. Blanche-Benveniste)가 제안한 바와 일맥상통한다. 구어에는 특정한 통사론 전체를 적용하는 것은 쓸모가 없지만, 통사론이 특수하게 실현되거나 독특하게 사용되는 경향이 존재한다. 언어공학에서 정보를 추출할 때에는 텍스트에 대한 통사 주석이 단어들의 단순한 공기 관계보다 텍스트에 대한 더 정밀한 표현을 제공한다.

파서라고 불리는 자동 통사 분석기는 부분적인 분석 결과(무성한 나무들의 숲 대신 별로 자라지 못한 키 작은 잡목림)를 제공할 수 있다. [→생텍스(Syntex)]의 경우가 그러한데, 시 예문을 [→생텍스(Syntex)]가 분석한 결과, 즉 두 개의 레마 사이의 의존 관계나 레마와 구 사이의 의존 관계를 1장 3

절에 제시해 놓았다. 분석 결과는 구성소(constituant)와 함수들로 분석된 하나 이상의 완전한 분석 결과를 제공할 수도 있다. 이를 위해서는 두 가지 어려움이 지적되어야 한다. 첫째는 파서가 인식할 수 있는 문법적으로 적법한 구조들의 수, 즉 **유효 범위**(couverture)를 개선하는 것이고, 다른 하나는 파서가 사용하는 규칙들에 따라 문장으로 분석될 수 있는 경우의 수, 즉 중의성을 극복하는 것이다. 게다가 임의의 영역에서 가져온 텍스트를 처리하기 위하여 파서를 수정하게 되면, 파서 고안자들은 문법이나 언어학에서 거의 접하지 못했거나 아예 본 적이 없는 현상들을 만나게 된다.

프랑스어의 경우 파서들을 비교 평가할 목적으로 2003년 시작된 조사 프로젝트인 〔→EASY〕(언어처리 소프트웨어들을 실행할 때 평가 조사가 수행하는 역할에 대해서는 8장 1절 참조)가 마무리된다. 평가에 사용된 백만 단어 규모의 말뭉치는 문학 텍스트, 대화 전사문, 익명화된 개인의 이메일, 일반 언론의 기사문, 의학 텍스트 등 다양한 텍스트들로 구성되어 있다. 이 조사 프로젝트의 목적은 매우 다양한 통사 구조와 상이한 장르와 영역에 속한 텍스트들을 대상으로 조사에 참여한 시스템들을 테스트할 수 있게 되는 것이다. 60만 개의 단어로 구성된 말뭉치 일부를 참조 말뭉치로 사용하기 위하여, 구성 요소와 기능 관계를 수동으로 주석하였다. 13명의 참여자와 말뭉치 제공자들의 협조 덕분에 단절이나 겹침이 없는 가장 적은 규모의 구성요소들 선택할 수 있었다. 주석 안내서는 URL http://www.limsi.fr/Recherche/Corval/easy에서 얻을 수 있다. 파서의 기능에 대한 평가는 부분 말뭉치(신문기사, 문학, 구어 '느슨한' 문어)와 구성 요소나 관계의 유형(어려움의 수준은 구성 요소와 관계에 따라 달라진다)을 모두 고려하게 될 것이다.

이와 동시에 수동으로 만들어진 말뭉치나 파서의 결과물을 수동으로 수정한 나무형 말뭉치를 개발하는 것이 필요하다. 이런 말뭉치는 파서들을 개선시키는 데 도움을 준다. 이들은 그 자체로 하나의 독립적인 언어학 연구 대상이 되기도 한다. 프랑스어의 경우 아베이에(A. Abeillé)가 [→ 파리7대학 수형도 말뭉치(Corpus arboré de Paris 7)]의 구축을 주도했다. 이 말뭉치는 사용 규범에 따라 연구용으로 사용할 수 있다. 이 말뭉치는 1989년부터 1993년까지 다양한 세션에서 가져온 르몽드 신문(Le Monde)의 기사들로 구성되어 있다. 구두점을 제외한 총 87만 개의 단어, 3만 7천 개의 레마와 약 3만 2천 문장으로 구성되어 있다. 한 문장은 평균 27개 단어와 20개의 구성 요소를 포함하고 있다. 이 말뭉치를 주석하기 위하여 자동 형태 통사 분석을 실시한 후 그 결과를 수동으로 검토하였으며, 이어서 기능 주석이 수행되었다. 주석의 선택은 현실적이었으며, 특정 이론에 편향되지 않고 상대적으로 중립적이라고 간주될 만하다. 12개의 상이한 구, 명사구(NP), 동사핵(VN), 원형 동사구(VPinf), 분사구(VPpart), 전치사구(PP), 부사구(AdP), 형용사구(AP), 문장(SENT), 한정절(Sint, Ssub, Srel)과 등위구(COORD) 등이 포함되어 있다. 구별되고 있는 기능은 SUJ(주어), OBJ(목적보어), A-OBJ(à 목적보어), de-OBJ(de 목적보어), P-OBJ(전치사-목적보어), 주격 보어(ART), 목적격 보어(ATO), MOD(수식어)이다. 주요한 구, 표면적인 문법 기능과 동사 의존적인 기능들만 주석되었다. 그림 4는 시 예문의 14행의 마지막 부분에 대한 두 가지 표현을 제공한다. 첫 번째 표현은 파리 7대학 수형도 말뭉치의 규범에 따라 XML로 표현한 것이고, 두 번째 표현은 그래프형으로 표현한 것이다.

XML 문서
<SENT>
<*NP fct = "SUJ"*>Il</NP>
<*VN*>a</*VN*>
<*NP fct = "OBJ"*>deux trous <*AP*> rouges </*AP*></*NP*>
<*PP fct = "MOD"*>au côté <*AP*> droit </*AP*></*PP*>

.
</*SENT*>

그래프형 표현

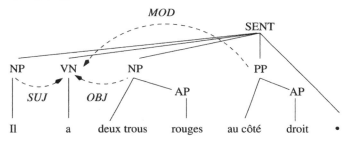

[그림 4] 시 예문 14행 통사 분석 수형도와 기능 관계

<속성 명사>="<속성 값>"의 쌍들은 XML 요소들의 표현에 정확성을 추가할 수 있게 한다. 여기에서는 함수를 가리키는 역할을 한다. 그리하여 NP(명사구) *il*은 동사핵(VN)의 주어(SUJ) 기능(fct)을 수행한다. 그래프 표현이 보여주듯이, 속성/값 쌍은 XML 표현의 엄격한 나무 구조의 성질을 유연하게 만들어 준다. 시 예문에서 그러했듯이, 예를 들어 속성/값 쌍은 요소들 사이의 연결 관계를 표현한다. 그런데 통사 주석은 방금 제시한 예에서처럼 대체로 문장의 '표면' 구조에 만족한다. 영어를 다른 말뭉치 가운데 무료로 내려받을 수 있는 [→수잔 말뭉치(Susanne)]는 예외적인 경우이다. 이 말뭉치는 [→브라운 말뭉치(Brown)]의 백만 단어 가운데 12만 8천 단어에 가능한 한 세밀하게 통사적 분석 과정을 적용하였다(샘

프슨(G. Sampson), 1995 『컴퓨터 사용을 위한 영어. 수잔 말뭉치와 분석 스킴 (*English for the Computer. The SUSANNE Corpus and Analytic Scheme*)』, Clarendon Press, Oxford). 이런 이유로 수잔 말뭉치는 통사 주석의 미래를 상상하는 데 도움을 준다.

(공)지시 주석(annotation (co)référentielle)은 담화체와, 텍스트의 다른 부분들 및 (텍스트 안에서 명시적으로 언급하지 않은) 언어외적 세계의 개체들을 가리키는 것 사이에 공지시 관계를 만드는 것과 관련이 있다. 지시 관계를 자동으로 찾아내는 것은 어려운 작업이다. 대명사나 다른 지시 표현의 형태로 개체를 표현한 것은 검색 엔진으로 찾아낼 수 없으며, 이 표현들을 포함한 문서들도 수집되지 않는다(그래서 '침묵(silence)'이라고 말한다). 시 예문의 경우 질의가 *soldat*를 포함한 문장들을 포함한다면 5행만이 제공되겠지만, soldat를 가리키는 *il, le sa*를 포함한 문장들(7, 9, 10, 11, 12, 13, 14행)은 핵심적인 텍스트임에도 불구하고 어둠 속에 남아 있을 것이다. 지시적인 요소들의 결합 관계에 작용하는 것을 목표로 하는 실험적인 장치들은 특이성(후보 개체와 지시사 사이의 거리, 통사적 위치 등)의 관점에서 우선적인 후보가 되는 개체들을 미리 식별해 놓는 방법을 사용하고, 개체와 지시사를 짝짓는 명령문을 실행시킬 때 탐색 과정과 통사 의미 제약을 결합시킨다('꼼수', 좋은 의미의 규칙). 이 명령문들을 수정하기 위해서는 실험적 장치에 공지시 관계가 주석된 말뭉치가 반드시 필요하다. [→아나나 프로젝트(ANANAS)](말뭉치의 의미 분석을 위한 지시 관계 주석, Annotation Anaphorique pour l'Analyse Sémantique de Corpus)는 공지시 관계 구축을 분명한 목표로 삼고 있다. 살몬 알트(S. Salmon-Alt) 방식의 기호 체계11)를 사용한다면, 시 예문의 5행에 대해 그림 5와 같은 표현을 얻게 될 것이다. 시 전체에 해당되는 첫 번째 XML 문서에서 공지시 관계의 대상이 될

---

11) 살몬 알트(S. Salmon-Alt), 2001, '말뭉치와 이론 사이: (공)지시 관계의 주석(Entre corpus et théorie : l'annotation (co)référentielle)', *TAL*, vol. 42, n°2, p.459-485.

수 있는 개체들은 담화 개체(*discourse entity*)를 가리키는 de 라는 요소로
표현되고, 그 안에는 속성/값 쌍의 형태(예를 들어 id="de1")로 단 하나의 식
별자가 포함된다. *Un soldat jeune*의 식별자는 de1이고 *nuque*는 de4, *il*
은 de5, *son*은 de6이다. 관계들은 다른 XML 문서에서 따로 제공된다(이
것은 고립 주석이다). 예를 들어 첫 번째 관계는 de4(*nuque*)에서 출발하여
de1(*un soldat jeune*)을 결합시키기는 추출 유형(extract)의 관계임을 알려준
다. 3개의 관계에서 de1은 관계의 기준점(anchor)으로 간주된다. 첫 번째
관계의 경우 nuque와 un soldat jeune 사이에 부분 전체 관계
(méronymie)가 성립하여 추출 관계가 되고 나머지 두 개의 관계는 *il*과
*son*과 *un soldat jeune* 사이에 일치 관계(ident)가 된다.

문장 주석에서 텍스트 주석으로 넘어가면서 일종의 반자동 '형광펜 또
는 하이라이터'라 할 수 있는 언어처리 소프트웨어들, [→SATO], [→
ATLAS-TI], [→Temis] 등을 언급해야 할 것이다. 사용자들을 범주(의미
적 범주, 화용적 범주뿐만 아니라 형태적 범주와 통사적 범주까지)를 정
의할 수 있다. 텍스트의 일부를 수동으로 강조하거나, 이 부분에 품사를
부여할 수 있다. 그리하여 시 예문에서 이중적으로 해석이 가능한 부분
들, 예를 들어 처음 읽었을 때에는 긍정의 의미를 갖는 것처럼 보이지만
마지막 행을 읽고 나면 부정의 의미로 해석되는 *haillons d'argent*,
bouche ouverte, …, poitrine tranquille 등을 강조할 수 있다. 사용자
는 또한 부분 텍스트들을 특수한 언어를 사용하여 자동으로 강조할 수 있
다. 일단 색깔이 입혀진 텍스트로부터 정해진 범주에 해당하는 부분들을
추출할 수 있다. 같은 맥락에서 [→아노테아(Annotea)]라는 소프트웨어를
사용하면 인터넷상에서 여러 사용자들이 동일한 문서에 대해 주석 작업
을 수행하고 이미 만들어진 주석들을 수정할 수 있다.

3. 텍스트 주석

공지시 관계의 주석은 문장의 한계에서 벗어나 좀 더 넓은 범위에서 이루어질 수 있다(4행의 *il*은 몇 문장을 지나서 5행의 *un soldat jeune*를 가리킨다). 그렇다고 해서 공지시 관계 주석이 텍스트 전체를 범위로 삼아 주석하는 것은 아니다. 반면에 텍스트 전체를 대상으로 하는 주석들이 있다. 첫째 경우는 주제 분절(segmentation thématique)로서 이것은 실험적 장치에 속한다. 둘째 경우는 자동 요약(résumé automatique)으로 상업화되어 있다. 이때 해결해야 하는 중요한 문제는 주어진 문서의 핵심적인 정보를 빠르게 찾아내는 것이다.

주제 분절12)은 텍스트가 어느 한 주제에서 다른 주제로 넘어가는 지점을 표시하는 것이다. 시 예문의 경우, 예를 들어 골짜기에 대해 이야기하는 첫 번째 사행시와 군인에 대해 이야기하는 나머지 사이에 분명한 경계가 있다. 두 번째로 부분 텍스트들을, '가족적인 분위기'나 다른 부분들과 유사성이 떨어지는 현상에 의해 범주화되어 큰 덩어리로 묶인 부분들로 분류하는 작업은, 계층화하고 해석하고자 하는 주제들을 가려낼 수 있게 한다. 따라서 하나의 주제는 비연속적인 부분 텍스트들에 의해 형성된다고 할 수 있다. 주제 경계를 찾아내기 위해서는 새로운 주제를 도입하는 기능을 하는 언어적 표지들의 목록이나 어휘적 결합 관계가 단절되는 현상(텍스트 전체에서보다 특정 지점에서 어휘가 더 갑자기 바뀐다)을 이용한다. 주제 분절은 텍스트에 숨겨져 있는 구조의 이미지를 보여준다. 주제 분절은 이론을 다루는 텍스트(학술 논문)보다 서사적 텍스트에 더 적합한 것으로 여겨진다. 랭보의 텍스트처럼 시적인 텍스트에서는 어휘적 단절을 찾아내

---

12) 페레(O. Ferret) & 그로(B. Grau), 2001, '주제 분석을 시작하기 위해 말뭉치 사용하기(Utiliser des corpus pour amorcer une analyse thématique)', *TAL*, vol. 42, n°2 p.517-545.

는 것이 어렵다. 주제 분석은 정보 추출을 용이하게 만든다. 텍스트 전체를 참조하게 하는 대신, 질의의 명확한 주제에 해당되는 부분 텍스트들을 참조하게 할 수 있다. 앞으로 주제 분절 장치, 즉 [→알세스트(Alceste)], [→DTM](*Data Text Mining*) 등을 언어처리 소프트웨어와 구별할 것이다. 이들은 (언술이나 문장, 단락, 문서로) 미리 분절해 놓은 결과로부터 주제별로 묶은 클러스터를 만들어내는 기능(*clustering*)을 갖고 있다. (이것이 주제 분절의 두번째 단계이다).

자동 요약이라 불리는 것13)은 사실 자동으로 걸어내기(écrémage automatique)이다. 이것은 표면적인 표지, 즉 담화 표지(계획의 표현), 단락 안에서의 위치, 문서 전체에 나타난 분포에 따라 문장을 구성하는 단어들 각각에 개별적으로 부여된 비중 등에 따라 각 문장에 '정보적인 가치'을 부여하는 것이다. 그리하여 문장에 나타난 순서대로 가장 중요한 문장들을 추출하고, 사용자가 정할 수 있는 축소 기준(15%, 30%로 요약하기)을 존중하여 '요약문'을 만드는 것이다. 모든 텍스트에서 이러한 '가지치기'가 가능한 것은 아니다. 우리가 사용하고 있는 시 예문은 걱정스럽게도 프로크루스테스의 침대에 저항하지 않는다. 특히 어휘적, 담화적 표지들은 텍스트 영역마다 다르다. 텍스트에 적합한 것은 사용자마다 다르게 평가되므로 이것은 사용자에 따라 다르게 설정될 수 있어야 한다.

담화 주석은 여러 가지 접근 방법을 포함한다. [→펜실베니아대학교 담화 트리뱅크(Penn Discourse Treebank)]는 수형도 말뭉치에 접속사 및 담화 관계와 관련된 주석을 추가하는 것을 목표로 한다. 또 다른 방법은 텍스트를 주제가 아니라 구조에 따라 분절한 후 분절된 담화체 사이의 의존 관계를 표현하는 것이다. 이것이 만(W. Mann)과 톰슨(S. Thompson)의 수사구조이론(*Rhetorical Structure Theory*)에 따라 텍스트를 주석하는 [→RST

---

13) 미넬(J.-L. Minel), 2004, '자동 요약, 해결책과 전망(Le résumé automatique : solutions et perspectives)', *TAL*, vol. 45, n°1, p 1-13.

도구(RST-Tool)]가 취하는 방식이다14).

　주제 분절로 얻어진 텍스트나 부분 텍스트들을 통합하는 단계는 **비지도 학습**(apprentissage non supervisé)이라 불리는 기계 학습에 해당한다. 이것은 데이터 집합에 적절한 범주들을 '찾아주는 것'이다. 반면에, 미리 작성해 놓은 범주 목록을 사용하고, 여기에서 적절한 범주를 골라 검토된 새로운 데이터에 부여하는 분류와 필터링 기법은 **지도 학습**(apprentissage supervisé)에 속한다.

---

14) 만(W. Mann) & 톰슨(S. Thompson), 1988, '수사구조이론 : 텍스트 구조의 기능적 이론을 향하여(Rhetorical Structure Theory : Toward a functional theory of text organization)', *Text*, 8(3), p.243-281.

XML 문서₁

⋮

*<de id="de1">*Un soldat jeune*</de>*, *<de id="de2">*bouche*</de>* ouverte,
*<de id="de3">*tête*</de>* nue,
Et la *<de id="de4">*nuque*</de>* baignant dans le frais cresson bleu,
Dort ; *<de id="de5">*il*</de>* est étendu dans l'herbe, sous la nue,
Pâle dans *<de id="de6">*son*</de>* lit vert où la lumière pleut.

⋮

XML 문서₂

⋮

```
<coref :link href="de4" type="extract">
  <coref :anchor href="de1"/>
</coref :link>
```

⋮

```
<coref :link href="de5" type="ident">
  <coref :anchor href="de1"/>
</coref :link>
<coref :link href="de6" type="ident">
  <coref :anchor href="de1"/>
</coref :link>
```

⋮

그래프 표현

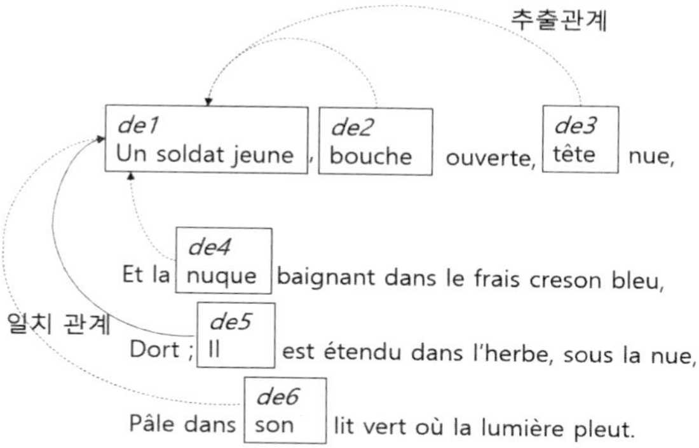

추출관계

| de1 Un soldat jeune | de2 bouche | ouverte, | de3 tête | nue, |

Et la de4 nuque baignant dans le frais creson bleu,

일치 관계

Dort ; de5 Il est étendu dans l'herbe, sous la nue,

Pâle dans de6 son lit vert où la lumière pleut.

[그림 5] 시 예문 : 공지시 주석(5행–8행)

제4장 구어

프랑스어는 특히 전사한 구어 말뭉치가 드물다. 쉽게 접근할 수 있는 말뭉치는 더 드물다. 그 이유는 다양하고 잘 알려져 있다. 상식에 따라 규범화되고 문명화된 문어에 부여된 우월성은 반대로 구어를 잘못된 변이형(구어의 특징을 기술하는 데 긍정적인 용어는 드물다. 구어를 기술하면서 영어 단어인 *disflencies*의 번역어인 비유창성(*disfluences*)이라는 용어를 사용하여 비웃기도 한다)으로 만들어 버렸다. 이러한 편견은 구어에 대한 언어학 연구가 부족해지는 결과를 낳았다. 게다가 구어에 대한 연구는 언어학자의 직관에만 의존할 수 없으며, 특히 비용이 많이 드는 전사문이 필요하다. 세밀한 전사 작업은 녹음 시간의 40-60배의 시간을 요구하기도 하면, 운율 정보(높낮이나 지속 시간)를 추가하게 되면 훨씬 더 많은 비용이 든다. 이렇게 구축하기 힘든 언어자원을 공유하는 것은 사실 심리적으로 어렵게 느껴진다. 마지막으로 문어 텍스트에 비해 전사문에 사용되는 규범들은 매우 다양하며, 음성학에 관심이 있는지, 운율이나 통사론 또는 상호작용에 관심이 있는지에 따라 크게 달라진다(상호작용과 관련된 부분은 7장 1절에서 다루어진다).

두 가지 변화가 생겨나고 있다. 첫째 언어자원을 공유하자는 움직임이 구어 연구 영역에서 공감을 얻고 있다. 둘째 구어 전사 도구들이 보급되고 있다. 이 도구들 덕분에 현재 소리의 기록(이미지)과 전사문을 결합시키고, 원하는 주석 유형을 개발하고 확인하는 것이 쉬워졌다. 본 장에서 소개하는 언어처리 도구들은 어떤 것들이 가능한지에 대해 아이디어를 줄 수 있을 것이다. 전사된 구어의 형태 통사 주석 도구가 개발되고 있으며(3절), 전사분량을 늘리기 위한 새로운 방법들이 제시되고 있다(4절).

1. 말뭉치와 언어자원

블랑쉬 벤베니스트(C. Blanche-Benveniste)는 GARS 말뭉치 구축을 추진했다. 이 말뭉치는 대화, 인생 이야기, 공적 담화, 전문적인 지식 소개 등의 전사문을 수집한 것이다. 같은 맥락에서 엑 상 프로방스 대학(Aix-en-Provence)의 DELIC 연구팀은 "오늘날 프랑스 주요 도시들에서 사용되는 구어 프랑스어의 기록"인 [→구어 프랑스어 참조 말뭉치(Corpus de référence du français parlé)]를 구축하였다(Equipe DELIC, 2004). 이 말뭉치는 44만 단어, 즉 36시간 분량의 구어를 포함하고 있다. 다양성을 확보하기 위해 다음 기준에 따른 표본화 작업을 거쳐 134개 녹음을 수집하였다.

- 지리적 분포(지방과 파리 지역의 37개 도시. 파리 지역은 5개 지역으로 다시 나누었다)
- 녹음이 이루어진 환경(사적 발화 : 인생 이야기/지식 소개. 직업적인 발화. 공적 발화 등. 사적 발화가 주를 이룬다. 전체 분량의 2/3)
- 성별(44%가 여성)
- 말뭉치 구축을 위해 요청된 109개 녹음의 경우, 연령(30세-65세 : 50%)과 교육 수준(대학졸업자가 대다수임: 41%, 석사 이상이 28%).

개별 녹음은 녹음 작업과 발화자에 대한 자세한 기록 카드를 갖추고 있다. 이 말뭉치에서는 구두점, 경계 표지, 운율 표지 등을 갖추지 않은 표준 철자법(전사의 어려움 때문에)이 선택되어 사용되었다. 휴지부나 도입부는 표시되었다. 고유명사는 녹음과정과 전사 과정에서 익명화되었다.

아래 예15)는 이러한 전사 표현을 좀 더 '문어적인' 표현으로 바꾸는 과정을 제시한 것이다. 이탤릭체로 된 부분들(*euh*나 *mh*로 표현된 망설임), 휴지부 표시(-. ─), 완전히 끝나지 않은 단어(*qu-*), 반복된 단어(*qh'il*)는 수동 전사 과정에서 제거되었다. 반면에 굵은 글씨로 표시한 부분(대문자, 구두점)은 추가되었다.

> (a) L1 **D***donc*, sur votre activité - *euh* professionnelle, - *hein* *voilà est-ce que qu- alors quand vous* vous m'avez dit que vous êtes électronicien.
>
> (b) L2 mh mh **Hum, hum.**
>
> (c) L1 **E**est-ce que euh vous pouvez euh décrire cette activité ? - euh là - Par exemple...
>
> (d) L1 ben euh **L**/a définir... - *ben* **Cc**'est surtout pour répondre *aux* aux besoins *des* des cherheurs qui veulent monter *une* *nouvelle euh* une nouvelle expérience, donc, la plupart du temps, c'est d'essayer de trouver le matériel - *qu'il qu'il* qu'il faut *euh mh* essayer de *le* mettre en place, voir *euh* quels types de matériels vont ensemble, parce qu'il y a souvent des problèmes de - d'incompatibilité.

다른 두 개의 언어자원도 살펴보자. [→발리벨(VALIBEL)](벨기에 프랑스어의 언어적 다양성, VAriétés LInguistiques du français en BELgique)은 6장 3절

---

15) 다음에서 발췌 : 발리(A. Valli) & 베로니스(J. Véronis), 1999, '구어 말뭉치의 문법 주석 : 문제와 관점(Etiquetage grammatical des corpus de parole : problèmes et perspectives)', *RFLA*, vol. IV, n°2, p.113-133.

에 소개될 것이다. 말뭉치 [→BDLex]는 [→엘라(ELRA)]가 배포하는 말뭉치로 5만 개의 레마(45만 개의 굴절형)와 발음 및 음절 분절 결과를 제공한다.

2. 수동으로 전사하고 분석하기

녹음기와 공책이 물리적으로 분리되어 있었던 옛날 옛날에, 전사문은 녹음된 구어와 단절된, 그래서 독립적이고 분석이 단독으로 이루어지는 종이로 된 문서였다. 전사된 언술을 다시 찾아보는 것도, 정확한 위치를 찾아내는 것도 항상 쉬운 일은 아니었다. 이것은 분리된 정도가 아니라 완전히 단절된 주석이었다. 반대로 오늘날 사용할 수 있는 소프트웨어들은 **신호**(언술과 주변의 소리를 녹음)와 전사문을 **시간 흐름**(time-code)에 따라 (천분의 일 초 단위로) 세밀하게 위치를 알려주면서 연결시키고 정렬해 놓았다. (정렬된 창에서) 결합된 '텍스트' 조각(철자 전사문과 음성 전사문 등)과 신호 조각을 볼 수 있다. 이 소프트웨어들은 고립 주석에 속한다. 신호는 위치를 제공하고, 주석들은 신호와 동기화되어 동일한 '범위'가 된다. 문제가 되는 신호를 (반복해서) 듣고 전사문을 고칠 수 있다. 눈은 귀를 돕는다(눈이 듣는다). 신호의 시각화(확대할 수 있는 경우도 있다) 덕분에 휴지부, 도치, 겹침 등을 분명하게 확인할 수 있다. 신호의 연속성과 동시 발화 현상이 장애를 일으키기도 하지만, 음소(phonème)나 음절, '언술', 발화 순서로 분절하거나 발화 겹침의 실현 위치를 찾아내는 것은 용이해졌다.

소프트웨어의 선택은 수행하고자 하는 전사 유형에 따라 달라진다. 구어의 통사적 현상, 사용된 어휘를 연구하고자 한다면, 예를 들어 [→구어 프랑스어 참조 말뭉치(Corpus de référence du français parlé)]의 구축을 위해 사용된 [→트랜스크라이버(Transcriber)]처럼, "철자법을 준수한" 전사문으로 충분할 것이다. 소리를 보다 세밀하게 분석하기 위해서는, 예를 들어

[→PFC](현대 프랑스어 음운론, Phonologie du français contemporain)에 사용된 [→프랏(Praat)](6장 3절)이나, 발음과 운율 연구가 가능한 [→윈피치(WinPitch)]와 같은 소프트웨어를 사용할 것이다. [→프랏(Praat)]과 [→트랜스크라이버(Transcriber)]는 무료로 배포되는 소프트웨어이고 [→윈피치(WinPitch)]는 유료이다. 이 소프트웨어들은 어떠한 이론에도 편향되어 있지 않다. 이들은 특정한 전사 규범을 제안하는 사용안내서는 갖고 있지만 이것을 강요하지는 않는다. 이러한 이유에서, 이 도구들은 다양한 이론적 틀에서 사용될 수 있다. 이 점에 관해서는 [→TEI]의 제안인 [→TEISpeech]를 참조할 수 있다.

트랜스크라이버 [→트랜스크라이버(Transcriber)]에서는 신호를 섹션(예를 들어 인터뷰에서는 대화 주제), 발화 순서, '언술'(필요한 만큼 화자의 수를 늘릴 수 있고 밑으로 펼쳐지는 메뉴에서 해당 발화 순서나 언술의 화자를 선택할 수 있다)로 나눌 수 있다. 그림 1은 시 예문을 두 개의 목소리로 낭독한 것을 보여주고 있으며, 여기서는 발화 순서와 언술이 일치한다. 일부에서는 화자가 없거나(음악의 예) 전사되지 않은 것으로 표시된다(분리해낼 수 없는 발화 겹침). 전사 작업을 진행하면서 이러한 다양한 단위들의 경계를 만들어내고 이동시킬 수 있다. 발화 겹침은 있는 그대로 식별할 수 있다. 그러나 트랜스크라이버는 발화 겹침이 제한적으로 발생하는 상호작용 상황에 적합하게 고안되었다. 이 소프트웨어는 원래 라디오나 텔레비전 방송의 자동 전사 시스템에 초점을 맞춘 말뭉치를 구축할 목적으로, 이런 유형의 자료들을 전사하기 위하여 고안되었다(여러 시간 분량의 긴 녹음에 적합하다). 그리하여 음향 조건 변화 표지(음악이나 호흡, 입에서 나는 소리나 다른 유형의 소음)와 (표준에 어긋나는 발음을 나타내기 위하여) 부연설명을 할 수 있는 메뉴를 의도적으로 포함시켰다.

각 화자에게는 특이사항(이름, 성별, 액센트 등)을 부여하고, 이 정보를 이용하여 전사문을 검색하거나(특정 화자의 발화 순서를 찾거나) 선택적으로 출력할 수 있다(예를 들어 여성 화자들의 발화 순서만 출력할 수 있다). 또한 전사문 전체에 대해 제공할 지시 사항, 음성 파일의 출처, 녹음 날짜 등을 덧붙일 수도 있다. 출력은 다양한 형식(XML 사용)과 문자 코드(유니코드 가운데 UTF-8, 7장 5절) 덕분에 수월해졌다.

[→트랜스크라이버(Transcriber)]의 정제된 버전은 다음과 같은 특수한 현상을 주석하기 위하여 밑으로 펼쳐지는 메뉴를 제공한다. 담화 제어(휴지부, 담화 표지어, 발화 시작, 반복, 수정)(8장 1절)나 감정 표현(6장 1절).

프랏 [→프랏(Praat)]에서는 주어진 신호 부분에 해당되는 층위(*interval tiers*)들을 나란히 위치시킬 수 있다. 주어진 신호 부분에 대한 전사문이나 특별한 현상(중립모음이나 e 묵음)을 표현하는 기호가 층위를 구성한다. 어떤 층위에는 화자의 신원이 식별자를 통해 주석자에 의해 표시된다. 특정 층위를 복사하여 변형시킴으로써 상대적으로 쉽게 새로운 층위에서 주석을 수행할 수 있다. 따라서 동일한 주석을 가진 여러 층위들을 마음껏 추가할 수 있다. (시간 표식을 사용하여) 주어진 시구간에 대해 여러 층위들을 동기화시킬 수 있다. 이러한 기능 덕분에 특히 여러 명의 주석자들이 각자 상이한 현상에 대해 작업을 한 후 그 결과를 통합할 수 있다. [→프랏(Praat)]의 소위 포인트 층위(*point tier*)에서는 연구되고 있는 억양(intonation)이 위치한 지점들을 표시하기 위하여 특별한 점이나 표식을 사용할 수 있다.

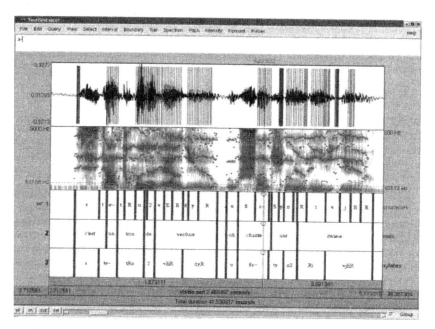

[그림 6] 시 예문(발췌 부분)을 [→프랏(Praat)]을 사용하여 음소/음절/단어로 분석한 결과

그림 6은 시 예문의 1행에 해당되는 소리 신호를 [→프랏(Praat)]에서
분석한 것이다. 맨 위부터 순서대로 주파수와 세 개의 층위, 즉 음소 전
사 층위, 단어 전사 층위 그리고 음절 전사 층위이다. 전사는 음소를 표
현하는 데 사용되는 [→샘파(SAMPA)](*Speech Assessment Phonetic Alphabet*)
표기를 따르고 있다(7장 5절). 샘파16)는 또한 운율 수준에 관한 표기인
[→샘프로사(SAMPROSA)]를 포함하고 있다. 음절 분절은 $에 의해 표현되
며, 따라서 주어진 예문은 다음과 같이 표현할 수 있다 : ste~ $ tRu $
2 $ vER $ dyR $ … [→프랏(Praat)]에서는 커서가 위치한 곳에서 소리

---

16) 기본(D. Gibbon), 무어(R. Moore), 윈스키(R. Winski), 1997, 『구어 시스템을 위한
   표준과 언어자원 안내서(*Handbook of Standards and Resources for Spoken
   Language Systems*)』, Mouton de Gruyter, Berlin.

듣기를 시작하거나 다른 부분에 집중하기 위하여 커서를 이동할 수 있다. 왼쪽 아래에 놓여 있는 버튼들은 현재 분석하고 있는 부분을 확대하거나 축소시키는 데 사용된다. y n2 RivjER로 발음된 une rivière에 비해 s te~으로 발음된 C'est un이 보여주듯이, [→코르디알(Cordial)]의 형태소 분석 결과를 개선시키기 위하여 사용된 문장형 시 예문(표 14)의 낭독은 부분적으로 시적이지 않은 낭독임을 알 수 있다.

[→프랏(Praat)]을 사용하면 분절적 수준이나(스펙토그램(spectogramme)이나 포먼트(formant), 초음파(sonogramme) 등의) 초분절적 수준(강도, 지속 시간, F0 등)에서 음성학이나 음향학적 분석(통계 조사도 할 수 있다)을 수행할 수 있다. 소리 신호를 변형할 수도 있다(소음 제거, 억양이나 지속 시간 변형). 다른 기능은 음성 합성이나, 학습 도구과 같은 모델화와 관련된다. 프랏의 이미지는 텍스트 처리 소프트웨어로 출력할 수 있다.

이 소프트웨어는 소프트웨어 사용 교육 자료(*tutorial*)나 스크립트를 제공하는 많은 사용자 집단의 기여 덕분에 많은 혜택을 누리고 있다. 스크립트는 기능 버튼이나 단축키와 결합시킬 수 있으며, 이것은 주석 작업의 속도를 크게 향상시킨다. 또한 스크립트는 주석자 집단의 특별한 요구에 따라 프랏을 최적화시키는 데 기여한다. 부수적인 작업을 자동화시키고 수동 작업을 도와주고 좀 더 일관된 형식의 결과물을 제공한다. 스크립트를 공유하는 것은 유사한 작업을 수행하기 위해 기존의 스크립트로부터 영감을 얻을 수 있게 한다. 이러한 방식 덕분에 이 소프트웨어는 초보자뿐만 아니라 작업의 일부를 자동화하거나 복잡한 주석 작업을 수행하려고 하는 경험 많은 사용자들도 많이 사용하고 있다.

윈피치 [→윈피치(WinPitch)]는 실시간으로 기초적인 빈도 정보, 강도 등과 같은 매개변수들을 제공한다. 이 매개변수들와 스팩토그램이 있기 때문에 소리 신호를 (음절이나 폰)으로 매우 세밀하게 분절할 수 있다. 8개

수준의 주석이 동시에 사용 가능하다(음성 전사, 통사 주석 등).

[→윈피치(WinPitch)]는 대부분의 미디어 형식(mpeg, mp3 등)을 직접 읽어드린다. 이 소프트웨어는 여러 개의 소리 파일과 이미지 파일을 동시에 처리할 수 있다(예를 들어 입술의 움직임과 실제 발음을 결합시키기도 한다). 수동 전사문과 소리 신호를 정렬하는 것은 쉬운 작업이며 분절 표지를 위치시키는 동안 원하는 만큼 소리를 증폭시킬 수 있어서 이 작업을 더욱 정확하게 수행할 수 있다. 데이터베이스에서 기록은 XML이나 표 형태로 이루어지며, [→유니코드(UNICODE)]에 비교될 수 있다. [→프랏(Praat)]과 입출력 교환이 가능하다.

3. 구어의 형태소 분석

구어와 문어 영역을 비교한다면 구어의 현재 상황은 무엇보다 '원시적인' 언어자원의 구축 단계이다. 철자법에 따른 전사문은 다른 수준의 주석들(특별한 음성학적 현상들, 단어의 발화 시작이나 망설임 등)을 연결시키는 공통분모 또는 길잡이의 역할을 수행한다. [→프랏(Praat)]의 경우 특히 이러한 현상이 두드러진다.

그러나 '벌거벗은' 철자법 전사로 충분하지 않다는 것은 전사할 양이 늘어나거나 특정한 형태 통사 구조를 분리해 내려고 할 때 곧 드러난다. 예를 들어 일치 관계의 분석 결과는 동철이의어(*fait* : 이름이나 과거 분사 또는 여러 개의 단어로 구성된 단어들, *en fait, tout à fait*?)에 의해 오류가 발생하기도 한다. 담화 표지어[17]나 단어의 발화 시작 또는 반복[18]과 같은 현상들

---

17) 샤네(C. Chanet), 2004, '구어에서의 담화 표지어 빈도 : 몇 가지 연구방법상의 문제(Fréquence des marqueurs discursifs en français parlé : quelques problèmes de méthodologie)', *Recherches sur le français parlé* ; n. 18, p.83-106.
18) 앙리(S. Henry) & 팔로(B. Pallaud), 2004, '구어 언술에 나타난 단어 발화 시작과

을 연구할 때 해당 단어의 범주를 결정하거나 이 현상들이 생겨나는 '현장'을 더 잘 이해하기 위해서 형태 통사 범주가 표시되어 있는 것이 득이 될 수 있다.

구어의 경우 전사문에 대한 형태 통사 분석은 필요하지만 현재 수준의 소프트웨어로는 지금 당장 이루어지기 어렵다(6장 4절 [→발리벨(VaLiBell)]의 예). 이러한 분석기들은 상대적으로 규범을 잘 따르고 있는 문어를 처리하기 위해 개발되었기 때문에, 전사 규범의 선택과 처리된 구어의 유형(규정을 잘 따르고 있는지, 활발한 상호작용에 관한 것인지, 발화 겹침이 있는지)에 따라 달라지는 부분에서 구어에 고유한 표기가 나타나면 제대로 기능하지 못한다(반복, 구두점 부재). 구어에 적합한 분석기의 출현을 기다리는 동안 발리(A. Valli)와 베로니스(J. Véronis)가 사용한 방법과 유사한 방법을 사용할 수 있을 것이다. 이들은 문어 처리를 위해 개발된 [→코르디알(Cordial)]을 변형시켰다. 즉, 전처리 과정을 통해 수동 전사문을 수정한 후(휴지부나 망설임, 중단된 단어의 발화 재시작, 비언어적인 사건 표시 등을 삭제한다), 그 결과물을 코르디알을 사용하여 분석한다. 그리하여 주석된 단어들에 대해 부분적이지만 믿을 만한 형태소 분석 결과를 얻게 된다. 1절에 제시한 첫 번째 발화를 분석한 결과는 다음과 같다(형태소 분석이 이루어지지 않은 채로 남아있는 부분은 굵은 글씨체로 표시되어 있다).

(a) L1 donc$_{coo}$ sur$_{prep}$ votre$_{DetPoss}$ activité$_{Ncfs}$ - **euh** professionnelle$_{Adjfs}$ - **hein** voilà$_{Prep}$ est-ce que$_{Adv}$ **qu-** alors$_{Adv}$ quand$_{Sub}$ vous$_{Ppers2p}$ vous$_{Ppers2p}$ m'$_{Ppers1p}$ dit$_{Vparpms}$ que$_{Sub}$ vous$_{Ppers2p}$ êtes$_{Vindp2p}$ électronicien$_{Ncms}$.

반복 현상(Amorces de mots et répétitions dans les énoncés oraux)', *Recherches sur le français parlé*, n. 18, p.201-229.

중요한 단어들은 형태소 분석이 되어 있으므로 보다 정확하게 일치 관계를 확인할 수 있다. 전처리나 후처리 과정이 필요 없는 이러한 방식을 사용하는 것은, 정확하지는 않지만 문어와 유사한 전사문을 만든 것이 된다. 이러한 방식을 사용하면 언론 기사(인터뷰나 논쟁의 문어 판본)나 소설 속 대화를 '고쳐 쓴 것'와 유사한 표현을 얻게 된다. 일단 고쳐 쓴 결과물에 대한 형태소 분석이 이루어지고 나면 규범화된 문어의 영향을 지나치게 받지 않도록 주의하면서 '구어화'(1절의 예에 대한 역작용)할 수 있다.

4. 전사량 늘리기

녹음된 음성과 함께 제공되는 '고쳐 쓴 언론 기사'는 게다가 점점 더 많아지고 있다. 녹음된 후 고쳐 쓴 국회 논쟁의 경우도 그렇지만 라디오나 텔레비전에서 방송된 인터뷰나 논쟁들도 매우 많다. (자료 접근에 대한 법적인 문제들이 해결된 뒤에는) 이렇게 정렬된 자료들은 귀중한 시간을 아낄 수 있는 전사문 원고를 제공한다.

더 일반적으로 말해서, 전사문이 녹음과 연결되어 있기 때문에 여유 있게 전사문으로 되돌아갈 수 있으므로, 이제는 선택된 전사 규범에 맞는 최종 결과를 단번에 얻어내지 않아도 된다. 불완전하고 급하게 만들어졌지만 특별히 연구하고자 하는 부분을 쉽게 찾아낼 수 있게 하는 임시 판본을 사용하는 것이 선호될 수 있다(예를 들어 담화 표지어로서 *bon*과 관련된 부분). 따라서 이 부분에 대한 세밀한 전사에 집중하여 최종 전사문을 풍부하게 만들 수 있다.

같은 관점에서, 구어의 자동 인식 시스템은 전사문 원고를 제공하거나 큰 규모의 소리 자료 데이터베이스의 목록화를 가능하게 하는 데 조금씩 기여할 수 있게 되었다고 생각된다(자동 목록화는 어휘 연구가 필요한 증거들을 쉽게 찾아볼 수 있게 하는 반면, 같은 경우에 수동 주석은 선택된 주요 어휘들과 관련된 직접적인 문맥에 한정되어 찾아볼 수 있게 한다). 프랑스어의 경우 수동으로 전사된 참조 말뭉치와 비교했을 때, 텔레비전 뉴스의 자동 전사의 오류 발생률은 12%, 전화 대화는 15%인 반면, 화자가 누구인지, 그리고 녹음 상태가 어떠한지에 따라 오류 발생률이 크게 달라지는 것으로 관찰되었다. 더군다나 단일 화자의 음성 인식에 비해 여러 명의 화자가 상호작용을 하는 경우 자동 음성 인식은 훨씬 어려워진다. 이 두 경우 모두에 대해서 시스템은 처리할 데이터에 최적화되어야 한다. 예를 들어 단일 화자 자료를 처리할 때에는 목소리의 특징을, 단일 화자와 복수 화자 모두에 대해서는 사용된 어휘 목록을 고려해야 한다.

제5장 단어

종이로 된 상용 사전을 디지털화하는 것을 넘어, 사전과 단어 의미 표현(1절)을 새로운 방식으로 만들어내는 것에 대해 살펴보겠다. 현재 상당수의 프랑스어 전자사전들이 사용되고 있는데, 이 중에는 상용어 사전도 있고(2절), 전문용어 사전도 포함되어 있다. 또한 어떤 소프트웨어들은 문맥 안에서 단어들을 살펴볼 수 있게 하기도 한다(4절). 현재 사용되고 있는 전자 사전들은 상당 부분을 의미론의 몫으로 남겨놓고 있다.

1. 사전의 혁신

인터넷에서뿐만 아니라 시디롬(CD-ROM)으로도 사용할 수 있는 [→ TLFI]는 17권의 TLF를 단순히 디지털화한 것 이상의 것이다. TLF는 30년 이상 동안 구축된 문학 텍스트 데이터베이스인 [→프랑텍스트(Frantext)](3장 1절 참조)에 기초하고 있으며 그 규모는 3억 5천만 개의 문자에 이른다. 예를 들어 여기에는 어떤 단어의 정확한 철자를 모를 때 대충 검색해도 찾아주는 기능이 추가되어 있다(TLFI는 틀린 철자를 확인해주는 중요한 기능을 갖고 있다). 이 때 적용되는 규칙은 텍스트 처리에 적용되는 철자 수정 규칙과 동일하다. 이 소프트웨어는 문자의 추가/삭제/대치 작용을 통해 형태를 점차 변형시킴으로써 요청된 질의 형태에 가까운 것들을 표제어 목록에서 찾아낸다. 또한 음성학적 변형과 음성 데이터베이스에 질의하는 과정도 수행된다. 질의가 이루어질 때에는 [→TLFI]와 다른 사전(아카데미 프랑세즈 사전의 여덟 번째와 아홉 번째 판본, 다시 말해서 1935년 판본과 현재 사용되고 있는 판본) 사이에 연동이 이루어진다. 종이 사전에서 디지털 사전으로 저장 매체를 바꾸는 것은 표현된 정보들을 규범화하고 형식화하는 좋은 기회가 될 뿐만 아니라, 규모가 크고 매우 복잡한 어휘 자원(TLF의 한 항목은 23개 차원까지 내려가기도 한다)에 효과적으로 접근하기 위하여 해결해야 할 문제들이 얼마나 다양한가를 보여주는 예가 되기도 한다[19]. 실제로 이 항목은 인간 독자가 정보를 계층화하기 위하여 사용하는 매우 많은 활자 규범과 사용 규범, 기술 영역, 즉 문법 범주, 의미 유형, 문체, 인용, 복합어, 의미의 위계 관계 등에 의존한다(시 예문에서 소네트 하나를 가려낼 때와 비슷한 점이 있다). 정보화는 담고 있는 정보(표제어, 레마, 문법 기호, 다양한 문법적인 정보, 구조 등)에 대해 단일한 의미를 부여하는 명확한 표식이 필요하다. 표식은 정보가 출현한 영역과 함께, 관련 항목의 전체적인 구조 안에서 이 정보가 차지하는 위치(주어진 예문과 관련된 저자, 제목, 날짜와 참고 문헌)에 대해서 어떠한 망설임도 없이 자동으로 알려준다.

　[→TLFI]는 하이퍼텍스트 검색도 가능하다. 다른 어휘 자원들은 어휘 네트워크를 구성하고 있다. 이 네트워크는 종이 형태로는 존재하지 않으며 의미의 상호 한정 분석을 새로운 방식으로 수행한다. [→의미 아틀라스(Atlas sémantique)]와 [→동의어 사전(Dictionnaire des synonymes)]의 경우

---

19) 덩디앵(J. Dendien) & 피렐(J.-M. Pierrel), 2003, 'TLFI, 참조 언어 사전의 디지털화의 한 예(Le Trésor de la Langue Française informatisé. Un exemple d'informatisation d'un dictionnaire de langue de référence)', *TAL*, vol. 44, n°2, p.11-38.

가 그러한데, 이들은 동일한 데이터에서 출발하여 동일한 네트워크를 구축하고 있다. 여기에는 바일리(Bailly), 베낙(Benac), 뒤 샤조(du Chazeaud), 기조(Guizot), 라파이(Lafaye), 라루스(Larousse), 로베르(Robert)의 7개 프랑스어 사전에서 추출한 동의어 리스트가 통합되어 있다. 이 리스트는 또한 대칭화되어 있다. 만약 단어₁ 동의관계 단어₂가 성립하고 역 관계가 존재하지 않는다면, 단어₁ 동의관계 단어₂라고 표시된다. 이렇게 만들어진 사전은 4만 개의 동의관계를 포함하고 있으며, 이것은 프티 로베르 사전(*Petit Robert*)의 전체 표제어의 절반에 해당한다. 이 사전에 따르면 단어 *val*의 동의어는 *vallée, vallon, ravin*이다. 사전들을 통합할 때 개별 사전이 갖고 있던 고유한 의미 구조나 계층화는 상실되었다(이러한 관계를 유지하는 것은 사실상 불가능하다). 한편, 단어가 노드가 되고 동의관계가 호, 또는 링크를 이루는 큰 그래프 안에서 군집(clique)들을 분리시킬 수 있다. 군집은 가장 큰 완전한 하위 그래프, 다시 말해서 각 노드가 모든 다른 노드들과 연결되어 있는 하나의 그래프를 가리킨다. 이러한 구조화가 따르고 있는 가설은 의미 차원에서 하나의 군집은 상대적으로 일관성을 갖춘 부분 집합, 즉 한 단어의 동의어들을 분리시킬 수 있다는 것이다. 사전에 제시된 하나의 단어는 일반적으로 서로 연결되어 있는 많은 군집들 안에 위치해 있다(연결되어 있는 군집들은 노드들을 공유한다). *dormir*의 경우 어떤 군집들은 {*dormir, lambiner, lanterner, traîner*}와 {*dormir, néglier, oublier*}를 구별하여 '부주의함'을 가리키는 반면, 다른 군집들을 얕은 잠{*dormir, fermer l'oeil, sommeiller, somnoler*}와 깊은 잠{*dormir, en écraser*}를 명확히 구별하면서 엄밀한 의미의 '수면'을 가리킨다. 다음 단계는 통계학의 다차원 분석법(르바르(Lebart)와 샬렘(Salem), 1994)에서 차용한 기술을 사용하여 군집들의 공간 안에 단어를 위치시키는 것이다. 하나의 단어가 여러 축들과 함께 나타나는 의미 공간을 얻게 된다(이 공간 안에서 하나의 축은 다른 축으로 전이되기도 한다). 전체적인 틀은

한 단어에서 다른 단어로의 이행(예를 들어 '무사태평 상태의 무기력'(insouciance)
으로부터 '영면'(dernier sommeil)으로의 이행)을 강조하는 '연속주의' 의미론이
다. 이것은 의미들이 '격리되어 있으며', "확장해서 해석하면"(*par extension*)
과 같은 말들이 어떤 구조를 만들어내는 전통적인 사전들이 갖고 있는 틀
과 큰 대조를 이룬다. 마지막으로, [→의미 아틀라스(Atlas sémantique)]는
하나의 단어에 대해 프랑스어 동의관계와 영어 동의관계를 포함하고 있
다. 이것은 언어들 사이의 유사점과 차이점을 검토할 수 있게 한다. 또
다른 시사점은 종이 사전을 단순히 화면에 옮기는 것과 주어진 데이터를
재배치하고 상이한 범주 구별이 필요한 사용자들의 요구에 부응할 수 있
게 하는 모듈화한 정보 접근 사이의 간격을 넓히는 것이다. 프랑스어 학
습자를 위한 인터넷 사전인 [→DAFLES]는 이러한 방향으로 나아갈 것을
제안하고 있다[20].

2. 상용어 사전

모리스 그로스(Maurice Gross)의 주도 하에 이루어진 **어휘 문법**(lexiques
grammaires)의 발전은 두 개의 언어처리 소프트웨어와 언어자원, [→인텍
스(Intex)]와 [→유니텍스(Unitex)]를 만들어 냈다. 이 이론에 따르면 하나
의 단어를 세밀하게 기술하는 것은 그 단어의 문법 범주에 고유한 통사적
특징들, 예를 들어 동사의 경우, 수동태를 만들 수 있는가, *se*를 사용한
대명동사화가 가능한가(*Il vend bien ses livres* 대 *ses livres se vendent bien*)
등을 최대한 많이 분석하는 것이다(동사들의 경우 약 400개의 통사적 특징이 고

---

20) 셀바(T. Selva), 베를랭드(S. Verlinde), 비농(J. Binon), 2003, '2세대 디지털 사전에
대하여(Vers une deuxième génération de dictionnaires électoniques)', *TAL*, vol.
44, n°2, p.177-197.

려된다). 이런 분석 과정은 여러 단어로 구성된 복합어로 점차 확장되어, 프랑스어에 존재하는 가장 완전한 복합어 목록을 구축하는 데 이르렀다 (이 목록 작성은 결코 종결될 수 없다). 이 때 기능동사(verbe suport)의 구조가 고려되는데, 이 동사는 시제와 시상(aspect)에 대한 정보를 제공하는 반면 대부분의 의미는 형용사나 명사에서 생겨난다. 단일어와 복합어의 어휘문 법은 [→인텍스(Intex)]와 [→유니텍스(Unitex)]를 통해 구현된다. 이들은 분석 범위와 세밀함에 있어 전례가 없는 형태 통사 사전을 제공한다. 어 휘문법은 다른 언어에서도 사용할 수 있으며(영어 : 30만 단일어와 13만 복합 어, 이탈리아어, 포르투갈어, 그리스어, 러시아어, 스페인어, ...), 이 덕분에 다중 언어 말뭉치에 대한 연구가 수월해질 수 있다(6장 4절). 무엇보다 이 모든 언어자원들은 언어처리 소프트웨어들이 제공하는 환경에서 사용될 수 있 다. 이들은 텍스트를 처리하며, 텍스트의 모든 상태는 그래프로 표현된 다. 그래프의 노드는 단어이고 링크는 복잡한 주석을 담고 있다. 텍스트 의 형태소 분석은 어휘문법에 사용되는 형태소 주석과 레마를 결합한 표 지들을 텍스트에 적용하는 것으로 이루어진다. 시 예문 8행에 부여된 주 석은 다음과 같다.

{Pâle,pâle.A+z1 :ms :fs}   {vert,vert.A+z1 :ms}
{dans,dans.PREP+z1}   {où, où.PRO+z1}
{son,son.N+z1 :ms}   {la,le.PRO+z1 :3fs}
{son,son.DET+z1 :ms}   {la,le.DET+z1 :fs}
{lit,lire.V+z1 :P3s}   {la,la.N+z1 :ms :mp}
{lit,lit.N+z1 :ms}   {lumière,lumière.N+z1 :fs}
{vert,vert.N+z1 :ms}   {pleut, pleuvoir.V+z! :P3s}

*son*은 DET이면서 N(*son du blé, son du canon*)이고, *lit*는 V이면서 N이 면서 N이고, *la*는 DET이면서 PRO 그리고 N(la note de musique)이므로,

결국 이 문장의 분석 가능한 경우의 수(중의성)는 24(*son*의 2가지 뜻 x *lit*의 2가지 뜻 x *vert*의 2가지 뜻 x *la*의 3가지 뜻)이다. 이것은 그림 7의 그래프에서 얻을 수 있는 경로의 수와 일치한다.

마찬가지로, 1행의 est는 명사(방위, 동쪽)이기도 하고, 7행의 *sous*는 PREP이면서 N(*un sou*)이며, 12행의 *pas*는 ADV이면서 N이다. 여러 가지 시제와 법의 조합이 가능한 동사 형태의 경우, 이 조합들은 모두 다음과 같은 방식으로 제시된다.

{chante,chanter.V+z1 :P1s :P3s :S1s :S3s :Y2s}

1행에서 P1s와 P3s은 직설법 현재(단수 1인칭과 3인칭)를, S1s와 S3s는 접속법 현재(단수 1인칭과 3인칭)을, Y2s는 명령형 현재 단수 2인칭을 가리킨다.

[→코르디알(Cordial)]이나 [→트리태거(Treetagger)]와 달리, [→유니텍스(Unitex)]와 [→인텍스(Intex)]는 반드시 중의성을 해결하지는 않는다. 사전이 제한적인 정보만 제공하는 형태소 분석기와 달리, 이 도구들이 사용하는 사전은 풍부한 정보를 갖고 있기 때문에 더 많은 중의적 해석을 유발하게 된다. 한편, [→유니텍스(Unitex)]와 [→인텍스(Intex)]는 주어진 그래프에 적용하면 노드들 사이에 주석된 경로들을 제거하거나 추가할 수 있는 그래프인 **부분 문법**(grammaires locales)을 고안하여 사용할 수 있는 방법을 사용자에게 제공한다.

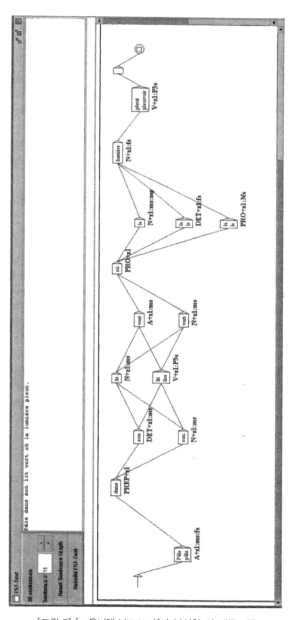

[그림 7] [→유니텍스(Unitex)]가 분석한 시 예문 8행

시 예문의 8행에서, 왼쪽에 관계 대명사가 있고 오른쪽에 명사가 있을 때 어떤 단어가 명사인지 한정사인지 대명사인지 결정해야 하는 상황이 발생하면 이것은 한정사로 간주해야 한다는 것을 부분 문법은 분명하게 명시할 수 있다. 따라서 *où la lumière*에서 *la*는 한정사일 수밖에 없다. 부분 문법은 7장 3절에서 제시할 규칙들만큼 강력한 변형 능력을 제공한다. 그러나 중의성과 부분 문법의 시각화 능력과 분석 결과 때문에 부분 문법은 더 매력적이다. 그리고 수정 작업도 수월하다.

[→렉시크(Lexique)]는 형태 통사 정보, 음성 정보, 형태 정보와 말뭉치에 기반한 빈도 정보를 제공하는 다국어 어휘 데이터베이스(영어, 독일어, 네덜란드어)인 [→셀렉스(CELEX)]의 영향을 특히 많이 받았으며, 원래 심리 언어학 실험을 지원하기 위하여 고안되었다. 렉시크는 여러 말뭉치로부터 단어와 레마의 빈도를 뽑아내어 제공함으로써 빈도와 더불어 다음과 같은 **어휘 결정 작업**의 상관관계를 분석할 수 있게 한다. 피험자는 화면에 제시된 문자열을 보고, 각 문자열이 단어인지 아닌지를 가능한 한 빨리 결정해야 한다(『거울나라의 앨리스(*De l'autre côté du miroir*)』에 나오는 '재버워키(*Jabberwocky*)'라는 시의 *Il était reveneure ; les slictueux toves / Sur l'allouinde gyraient et vriblaient*라는 대목에 나오는 단어 reveneure처럼). 매번 반응 시간은 기록되고, 이 때 얻어진 반응 시간과 빈도 사이의 상관관계를 분석할 수 있다. 이러한 접근 과정을 뒷받침하는 가설은 어떤 단어가 자주 사용될수록 그것을 단어로서 빨리 인식할 수 있으며, 구어에서의 빈도가 문어에서의 빈도보다 더 유의미하다는 것이다. [→렉시크(Lexique)]는 [→프랑텍스트(Frantext)](1950-2000)가 최근에 구축한 부분, 즉 3천 1백만 단어에 대해서 [→아틸프(ATILF)](*Analyse et Traitement Informatique de la Langue Française*)가 제공하는 빈도와, 3천 편의 영화나 텔레비전 시리즈물의 자막에서 분석한 빈도를 포함하고 있다. 자막을 문법적으로 분석하기 위하여 [→코르디알(Cordial)]이 사용되었다. 자막 말뭉

치는 구어에서의 빈도를 평가하기 위하여 수집된 반면 [→프랑텍스트 (Frantext)]는 문어를 대상으로 했다. [→렉시크(Lexique)]는 5만 5천 개의 레마로부터 만들어진 13만 개의 형태를 제공한다. 무료로 배포되는 언어 자원인 [→렉시크(Lexique)]는 내려 받을 수 있고 스크립트에 따라 분류되어 있으며 또한 인터넷에서 사용가능하다. 이 사이트에서는 대명사 사전, 2천 7백 개의 텍스트로 구성된 말뭉치(3천 7백만 단어)와 구겐하임 (Gougenheim)의 「기초 프랑스어(*Français fondamental*)」의 빈도 등과 같은 값진 보충 자료들도 사용할 수 있다. 데이터베이스에 포함된 모든 단어에 대해서 [→렉시크(Lexique)]는 다음과 같은 정보를 제공한다 : 문법 범주 (필요한 경우 성수 정보도 제공한다), [→프랑텍스트(Frantext)]의 일부와 영화 자막 말뭉치에서 산출한 형태와 레마의 빈도(백만 단어 기준), 음성 전사, 음절로 나눈 형태, 자모음 대응 형태(C/V), (문자나 음소 하나만 바꾼) 비슷한 철자 형태나 음성 형태, 철자나 음성 일치 지점(분명하게 그 형태를 확인할 수 있는 문자와 음소 대응 지점), 음절 수, 소리나 형태를 음절로 나누거나 (단어의 종점이나 접미사에 대한 형태론 분석을 위하여) 역순으로 배열한 것. 표 16은 시 예문에 등장하는 시어들과 그 동의어들에 대한 몇 가지 분석의 (축약된) 예들을 보여준다.

표16 시 예문 : [→렉시크(Lexique)]의 표제어

Champ	*val*	*vallée*	*vallon*	*nue₁*	*nue₂*
범주	NOM	NOM	NOM	ADJ	NOM
레마 빈도 영화	1.65	15.27	0.59	37.71	3.62
레마 빈도 책	4.93	35.68	6.89.	166.08	10.27
형태 빈도 영화	0.90	14.26	0.43	10.11	2.82
형태 빈도 책	3.04	30.14	5.74	42.43	6.69
자음 모음 조합 형태	CVC	CVCCéV	CVCCVC	CVV	CVC
자음 모음 조합 소리	CVC	CVCV	CVC§	CV	CV

Champ	*val*	*vallée*	*vallon*	*nue₁*	*nue₂*
소리를 음절로 분절	val	va-le	va-l§	ny	ny
형태를 음절로 분절	val	val-lée	val-lon	nue	nue
거꾸로 만든 형태	lav	eéllav	nollav	eun	eun
거꾸로 만든 소리	lav	elav	§lav	yn	yn
음절 수	1	2	2	1	1

음성 전사는 고유한 특성을 표현한다. CV(자음-모음 조합)의 전사는 강세가 주어진 모음과 자음에 대한 추가적인 정보를 갖고 있다. nue*nom*과 nue*adj*의 빈도 차이는 명사가 드물게 사용된다는 짐작이 맞다는 것을 보여준다. *val*은 *vallon*처럼 v*allée*에 비해 상대적으로 드물게 사용되는 단어이다. 영화에서는 *val*이 *vallon*보다 더 자주 사용되지만, 책에서는 반대로 *vallon*이 *val*보다 더 자주 사용된다(그렇다면 *vallon*이 더 문학적인 단어일까?) 게다가 [→TLFI]는 val의 두 가지 용법을 구별한다. 두 번째 용법은 지형학적인 것이고 첫 번째 용법은 '문학적이거나 진부한' 것으로 간주된다.

마지막으로 무료로 내려 받을 수 있는 사전인 [→모르팔루(Morphalou)]를 살펴보자. 이 사전은 약 7만 레마(54만 굴절 형태)를 포함하고 있지만 복합어는 포함하고 있지 않다. 이 사전의 데이터들은 TLF의 분류법에서 출발하였다. 데이터 형식의 일관성 유지, 데이터 관리 및 업데이트는 [→아틸프(ATILF)]가 맡고 있다. 이 사전은 XML로 작성되었고, 어휘 자원에 대한 [→ISO] 규범인 [→ISO TC37/SC4]를 따르고 있다. 단어 *dormeur*에 대한 기술은 다음과 같다.

```
<lexicalEntry lemma="dormeur"
grammaticalCategory="commonNoun" grammaticalGender="masculine">
 <inflectionGroup>
  <inflection orthography="dormeur"
grammaticalNumber="singular"/>
  <inflection                          orthography="dormeurs"
grammaticalNumber="plural"/>
 </inflectionGroup>
</lexicalEntry>
```

lexicalEntry는 레마에 대한 정보, 즉 문법 범주와 성 범주을 제공하고, inflectionGroup은 철자법상 실현된 형태가 제공되는 두 개의 굴절 현상(inflection), 즉 단수와 복수를 표현한다.

3. 전문용어

분야에 따라서는, 그리고 특히 인터넷에서는 많은 **전문용어사전** (**terminologies**)들을 사용할 수 있다. [→UMLS]가 특히 그러한데, 이 사전은 의학 분야에서 사용되는 분류법과 용어들을 연결시켜준다[21]. 전문용어 사전의 반자동적인 개발 방식은 점차 확고해졌다. 지난 15년 동안 컴퓨터에 의해 구축된 전문용어 사전이 처음으로 개발되었다. 이 사전은 사전학, 언어학, 컴퓨터 언어학, 지식 공학의 공헌, 다시 말해서 이 분야에서 개발된 소프트웨어들, 장치들, 수집 방식과 지식 사용 방식을 복합적으로 사용한다. 이러한 유형의 컴퓨터 사전학은 여러 분야의 작업을 결합

---

21) 츠바이겐바움(P. Zweigenbaum), 2004, '언어와 온톨로지 사이에 위치한 UMLS : 의학 분야에서의 화용적 접근(L'UMLS entre langue et ontologie : une approche pragmatique dans le domaine médical)', *Revue Française d'Intelligence Artificielle*, vol. 18, n°1, p.111-137.

시킨다. 어떤 작업들은 주어진 분야의 말뭉치에서 용어들을 구성할 수 있는 연속체들을 찾아내는 것을 목표로 한다(이것을 후보 용어라고 한다). 다른 작업들은 후보 용어들을 구조화하는 것, 다시 말해서 대체될 수 있는 후보 용어들(동의관계나 반의관계)의 집합을 구축하고 이들을 위계적으로 결합하는 것(상위어 관계(hyperonymie), 부분-전체 관계(méronymie) 등)을 목표로 한다.

후보 용어들의 분류는 '표면 유형'(예를 들어 프랑스어 carte à puce에 나타나는 '명사1 à 명사2' 유형)이나 통계적 지표(어떤 연속체를 구성하는 요소들은 서로에게 '끌린다'. 다시 말해서 이들은 우연히 함께 출현할 확률보다 더 유의미하게 자주 동시에 출현한다), 또는 이 두 방식의 조합에 의존한다. 이 분류 방식은 상호간에 형태가 유사하거나 이미 인정되고 있는 용어들과 비슷한 연속체들을 선별해내기도 한다. 예를 들어 동맥에 나타날 수 있는 질환 가운데 하나인 협착증(sténose)은 입원 진료 기록 말뭉치 안에서 다음과 같은 연속체에 출현한다 : 1) *sténose de l'IVA proximale* 2) *sténose serrée du tronc commun*, 3) *sténose très serrée de l'IVA proximale*, 4) *sténose circonflexe moyenne serrée*. 동일한 의미 부류에 속하는 단어들이 작용하는 변이형 구조를 관찰할 수 있다. 이미 알려진 용어의 변이형의 문제인지 새롭게 밝혀야 하는 용어인지 자문할 수 있다. 실제로 말뭉치 조사는 주어진 용어가 단일한 형태(용어 규정에서 권고하는 형태)로 실현되는 일은 드물지만, 많은 경우 변이형들의 무리 안에 포함되어 있다는 것을 보여주며, 일부 연구는 이 변이형들의 무리를 선별해내는 것을 목표로 하기도 한다.

4. 문맥 안에 위치한 단어들

시험판이 무료로 배포되고 있는 [→렉시코(Lexico)]와 같은 언어처리 소프트웨어와 도구 소프트웨어의 패키지는 어휘 통계학적 관점에서 말뭉치를 체계적으로 분석할 수 있도록 도와준다. [→렉시코(Lexico)]는 대부분 '원시' 텍스트인 말뭉치를 입력받아 처리하지만, 특정 연구를 수월하게 만들 수 있는 데이터를 획득하기 위하여 형태소 분석기의 분석 결과를 변형시킬 수도 있다(7장 2절). 상이한 연령과 교육 수준에 속한 화자들이 만든 열린 질문에 대한 답변들을 비교하는 연구에서 [아베르 외.(Habert et al.), 1997](p.32-37)는 텍스트를 단어의 형태소들로 축소하거나 (양태 형용사와 관계 형용사를 대립시키는 것처럼) 변별성을 추가함으로써 대응되는 단어군의 '행동'을 정의할 수 있음을 보여주었다. 그리하여 [→트리태거(Treetagger)]의 형태소 분석 결과를 바탕으로 시 예문의 제목과 1행을 분석하면 다음과 같은 결과를 얻을 수 있다.

a. [품사를 가진 형태] Le_DET dormeur_NOM du_PRP val_NOM c_PRO est_VER un_DET trou_NOM de_PREP verdure_NOM où_PRO chante_VER une_DET rivière_NOM ...

b. [품사를 가진 레마] le_DET dormeur_NOM du_PRP val_NOM c_PRO être_VER un_DET trou_NOM de_PREP verdure_NOM où_PRO chanter_VER une_DET rivière_NOM ...

c. [품사와 정확성] DET:ART NOM PRP:det NOM PRO:-DEM VER:pres DET:ART NOM PREP NOM PRO:REL VER:pres DET:-ART NOM ...

[→렉시코(Lexico)]는 말뭉치의 초기 구성에 대해 두 가지 규칙(같은 책. 2장 4절)을 가정한다. 우선, 단어의 경계를 나타내는 문자들을 선택한다. 구두점은 기본적으로 경계를 표시한다. 그러나 트리태거의 세부적인 범주

들이 연속적인 '단어들'로 간주되지 않도록 하기 위하여, 위에 제시한 c의 예에서 콜론(:)은 '단어'의 구성 요소로 처리되어야 한다. 같은 이유로 콜론(:)은 a와 b의 예에서 경계 표지가 되어서는 안 된다. 두 번째 규칙은 한 부분에서 다른 부분으로의 이행을 나타내는 표지를 사용하는 것이다([→렉시코(Lexico)]의 표지는 형식만 없다면 XML의 빈 칸과 같다). 랭보 작품 말뭉치에서 참고 문헌으로 사용된 판본이 구별해 놓은 모든 모음집의 시작 부분에 이러한 표지를 도입할 수 있다. 시 예문이 등장하는 작품집 『두에 모음집(*Carnets de Douai*)』의 시작 부분은 <recueil=Douai>라는 표지를 가지고 있을 것이다. 또한 모든 텍스트의 시작 부분에 두 개의 상이한 표지를 도입할 수 있다. 하나는 고유 식별자를 부여하기 위한 것이고 다른 하나는 이것이 시나 산문이라는 것을 말해주기 위한 것이다. 따라서 시 예문 앞에는 <texte=dormeur><genre=poesie>라는 표지가 보일 것이다. 같은 이유로 세 가지 분할, 즉 작품집, '장르'(시나 산문), 텍스트를 구별하는 것이 가능하다. 주어진 분할의 부분 집합만을 선택하는 방법을 포함하여, 다양한 양적 분석이 이러한 분할을 활용하여 이루어진다. 예를 들어 모음집의 어휘들 가운데 상대적으로 **더 많이 사용되었거나 더 적게 사용된 어휘**들을 분석할 수 있다. 말뭉치 전체와 비교한 부분 집합의 크기 및 말뭉치에 나타난 주어진 단어의 총 출현 빈도에 따른 기대치에 비해, 임의의 부분 집합 안에서 이 단어가 유의미하게 더 많이 출현했다면, 이 단어는 더 많이 사용된 것이다(르바르(Lebart) & 샬렘(Salem)). 1984). 정의상 더 적게 사용된 어휘는 말뭉치의 나머지 부분에 비해 특정 부분이 기피하는 어휘를 찾아낼 수 있게 한다(이것은 사람이 읽어서 찾아내기 어려운 어휘이다). [→렉시코(Lexico)]의 기능 가운데 하나는 **반복되는 부분**(segments répétés), 다시 말해서 말뭉치 안에 여러 번 출현하는 '단어들'의 연속체를 찾아내는 것이다. 더 많이 사용되었거나 더 적게 사용된 어휘들은 단일어와 마찬가지로 반복되는 부분에 대해서도 계산된다. 반복되는 부분은 특정 말뭉치에 고유한 관용 표현들을 가장 먼저 찾아내고, 또한 선택된 분할 안에서 이 관용 표현이 어떤 분포를 나타내는지를 가장 먼저 보여준다. 이 밖에 통시적 말뭉치에서 공시적 변화를 찾아내기, 선택된 분할 안에서 주요 대립 관계를 시각화하기 등 다른 기능들도 있다. **용례 검색 기능**은 항상 중요하다. 이 기능은 기준 형태에 무엇이 선행하거나 후행하는지, 그리고 텍스트에서 이 형태가 출현하는 순서에 따라, 문맥 안에서 특정 형태 또는 성질이 유사한 형태들의 집합들이 출현한 용례들의 집합을 찾아주는 것이다. 또한 이것은 하이퍼텍스트 속성을 갖고 있어서 문맥에서 단어를 클릭하면 그 단어의 용례들의 목록을 만들어낸다. 가능한 검색 조건을 다양하게 만드는 것은 사용자가 매번 상이한 규칙성을 확인할 수 있도록 해준다.

일부 어휘 분석 기술은 실험적 장치에서만 사용되고 접근 가능한 언어 처리 소프트웨어에서는 아직 사용되고 있지 않다. 이들에 대해서는 [마닝(Manning) & 쉐츠(Schütz), 1999]에서 소개되고 있다. 예를 들어 반복되는 부분처럼 관용 표현이나 특정 분야에 고유한 결합 관계들을 업데이트시키는 데 기여하는 단어들 간의 결합 경향성을 측정하는 기술이 그러하다. **상호 정보량**(Mutual Information)과 같은 지표는 어떤 두 단어의 분포가 우연적일 때 함께 출현하는 빈도보다 (특정 문장이나 텍스트 안에서) 더 자주 함께 출현하는 단어 쌍들을 분리해낸다. 특별한 의미 관계 안에 출현하는 단어들로부터 문맥을 추출하기 위한 필터를 사용하는 것도 실험적 장치에만 사용되는 기술 가운데 하나이다(7장 3절). 의미 부류를 만들기 위하여 하나의 말뭉치로부터 단어들을 분류하는 기술도 그러하다. 일반적인 목표는 이 단어들 사이에서 '유사성'을 찾아내는 것이다. 첫 번째 단계는 축소, 즉 단어들이 갖고 있는 특징을 단순화시키는 것이다. 이것은 널리 사용되는 분포주의적 관점이다. 하나의 단어는 그 단어가 출현하는 문맥에 의해서 정의될 수 있다. 이 때 문맥의 규모와 성질은 다양하다(문장. 단락. 문서 차원일 수도 있고. 단순한 동시출현 관계나 통사적 관계일 수도 있다). 두 번째 단계는 두 단어 사이의 관계적 거리를 표현하는 방법을 찾아내는 것이다. 두 단어가 공통적으로 출현한 문맥, 첫째 단어만 출현한 문맥, 둘째 단어만 출현한 문맥, 그리고 두 단어 모두 출현하지 않은 문맥에 따라 단어들 사이에 유사도를 계산함으로써 단어 사이의 관계를 표현할 수 있다. 두 단어가 모든 문맥을 공유하면 유사도는 1이다. 두 단어가 어떠한 문맥도 공유하지 않으면 유사도는 0이다. 세 번째 단계는 3장 3절에서 소개한 비지도 학습 기술을 사용하여 이전 단계에서 얻은 유사도에 따라 단어들을 하위 집합으로 분류하는 것이다. 이렇게 하면, 앞으로 분류하고 해석해야 할 의미 부류에 대한 새로운 아이디어를 얻을 수 있다.

5. 의미 사전

엄밀한 의미의 의미 사전, 특히 [→워드넷(WordNet)]처럼 네트워크로 구성된 의미 사전은 항상 부족하다. 아마도 이러한 결핍은 페슈앵(D. Péchoin)이 『라루스 시소러스(Thésaurus Larousse)』(1992)의 서문에서 언급했듯이 프랑스어 사전학계가 시소러스 구축을 주저했기 때문에 생겼다고 할 수 있다. '클래스'(classes d'objets)(Langages n° 115, 1994)를 얻기 위하여 모든 단어들이 공유하는 피연산자에 따라 단어들을 분류함으로써 프랑스어 어휘 전체를 기술한 자료는 가까운 시일 내에는 사용할 수 없다. 유럽 차원의 프로젝트인 유로워드넷(EuroWordNet)의 틀 안에서 구축된 프랑스어판 워드넷은 [→엘라(ELRA)]에 의해 배포되고 있긴 하지만, 사용하는 데 비용이 많이 들고 규모가 매우 제한적이다(**유효 범위**(couverture)).

인터넷에서 검색하고 내려 받을 수 있는 워드넷은 밀러(G. Miller)의 주도로 언어심리학자와 언어학자로 구성된 연구팀에 의해 프린스턴 대학에서 1995년부터 개발되고 있는 디지털 어휘 네트워크이다. 네트워크의 노드들은 동의어 집합(*synset*)으로 이루어져있다. 모든 동의어 집합은 여러 단어들(이 단어 자체가 여러 개의 단어로 구성되어 있을 수도 있다)이 공유하는 하나의 의미를 갖고 있고, 이 의미는 동의어 집합이 주변 단어들과 이루고 있는 의미 관계에 의해 차별적으로 정의된다. 게다가 선호되는 의미 관계는 품사에 따라 달라진다. 명사는 하위어 관계와 반의어 관계, 형용사는 정도 관계, 동사는 함의 관계(원인, 전제나 과정이 실현되는 방식과 '양식 관계'(동사 간의 하위어 관계))가 선호된다. 워드넷에 등장하는 의미의 수(117,597개의 동의어 집합), 단어의 수(155,327개), 관계의 수(345,000개)와, 처음부터 업데이트와 디지털 사용을 목적으로 고안되었다는 사실이 보여주듯이, 현장에서 실제로 사용될 수 있다는 점 때문에, 의미 주석이 부여되어 있고 '의미에 의해' 텍스트에 접근 가능한 최근 연구들에서 워드넷은 핵심적인 역할을 부여받고 있다. 워드넷이 구성하고 있는 네트워크는 [→의미 아틀라스(Atlas sémantique)]와 [→동의어 사전(Dictionnaire des synonymes)]의 네트워크와는 다른 원칙을 사용하고 있다. 후자의 경우 오직 하나의 관계, 즉 (참조한 사전들을 상대적으로 거칠게 통합하여 얻어진) 동의관계만을 사용하지만, 워드넷은 상위어 관계에 다양한 깊이의 위계 관계를 부여한다. 또한 워드넷에서는 동사, 명사, 형용사가 서로 다른 의미 관계에 의해 구조화되어 있다.

이런 차원의 언어자원의 부재는 대조적인 방식으로 체감된다. 어떤 사람들은 한 언어의 의미망은 문화와 언어 변화와 밀접하게 연결되어 있다고 강조한다. 따라서 한 언어에서 다른 언어로 전이하는 것은 별로 문제될 것이 없다(하나의 독립된 시스템에서 또 다른 독립된 시스템으로 넘어가는 것이 된다)고 주장한다. 다른 사람들(때때로 동일한 사람들)은 특정 언어 전체의 의미 사전을 구축하는 것은 환상이라고 주장한다. 왜냐하면 이것은 동일한 하나의 단어에 대해서 상호간에 별 관계가 없는 영역이나 사용 유형에 속하는 의미들을 나열하는 것에 불과하며, 유감스러운 인공적인 중의성을 만들어내기 때문이다. 관건은 말뭉치에서 의미를 습득하는 기술일 것이다. 즉, 한 단어의 인접어들, 다시 말해서 어떤 단어가 문맥 안에서 함께 출현하는 단어들이 '공동체'를 이루며 모여 있는 방식을 찾아내는 것이다. 이 방식에 문제가 없는 것은 아니다. 어떤 의미들은 사용된 말뭉치에 출현하지 않고, 다른 의미들은 이 말뭉치에만 출현할 수 있기 때문이다. 예를 들어 1987년, 1989년, 1991년, 1993년에 발행된 르몽드 신문에서 임의로 뽑은 1천 4백만 만 단어 규모의 말뭉치에는 동사 vendre를 포함하고 있는 1,354개의 문장 가운데 단 하나도 '배신하다'(그는 친구들을 팔았다 *il a vendu ses amis*)라는 뜻을 나타내지 않았다. 그러나 이 뜻은 모든 일반 사전들이 반드시 언급하는 동사 vendre의 의미이다.

반대로, 의미를 일반화할 수 있는 언어처리 소프트웨어가 없다는 것을 유감스럽게 생각할 수도 있다. 단어들의 분포적 특징을 기술할 때 그 성능이 훌륭하지 않더라도 의미 분석기를 함께 사용하면 강력한 통사 분석기의 분석 결과를 더 잘 활용할 수 있기 때문이다. 또한 현재로서는 레마의 수가 많아서 숨겨져 있는 규칙성들이 더 잘 드러날 수 있을 것이다. 이것은 텍스트 의미 분석에 대해서도 마찬가지일 수 있다. 예를 들어 시 예문에서 *dort*와 *fait un somme*를 동일한 의미로 해석하기를 희망할 수 있다. 영어의 경우 의미 주석 검색 연구는 [→워드넷(WordNet)]의 무료 사용 가능성 덕분에 크게 발전하였다. 프랑스어에서 이런 연구가 상대적으로 부족한 것은 디지털 의미 언어자원이 없기 때문이라고 설명될 수 있다.

마르텡(R. Martin)(『의미론과 오토마타』(*Sémantique et automate*, PUF, 2001))은 [→TLFI]가 어떻게 문맥 안에 위치한 단어의 의미를 확인해주는 역할을 할 수 있는지를 예시를 통해 자세히 보여주었다(단어 의미 중의성 해소 (*Word Sens Disambiguation*)에 대해 이야기하는 것이다). 그는 두 가지 상보적인 처리 과정을 사용하자고 제안한다. 만약 목표 단어를 포함한 연속체가 [→TLFI]에 출현했다면, 여기서 사용된 의미를 선택한다. 그리하여 *Quartier résidentiel*은 "quartier라는 단어에 대해서 *QUARTIER1* B의 의미, 즉 이 구절이 등장하는 '어떤 통일성을 갖고 있는 (중략) 도시의 일부'라는 뜻을 부여한다". 반대로 두 번째 과정은 진정한 의미의 의미 계산을 사용한다. 예를 들어 '그는 1966년부터 이 거리에 산다(*Il habite le quartier depuis 1966*)'에 HABITER I A 2의 의미, [주어는 일반적으로 사람의 집단이다(Le suj. désigne gén. un groupe de pers.) : 목적어는 공간, 도시, 거리이다(L'obj. un espace, une ville, un quartier)]라는 의미를 결합시키기 위해서는, 이 정보를 사용하여 '공간에 살다, 도시에 살다, 거리에 살다(*habiter un espace, une ville, un quartier*)'를 자동으로 추론해내고 주어진 문장에 대해 이 의미를 선택하는 것이 유익하다는 것을 증명해야 한다. 마르텡의 제안을 실현하는 것, 좀 더 대담한 컴퓨터 의미론을 시작하는 것, 마르텡의 전문 지식과 기계 학습에 관한 지식과 같은 인간의 전문 지식에 기반한 연구들의 시너지 효과, 이 모든 진보는 디지털 의미 언어자원의 구축을 전제하고 있으며, 이 과정에서 [→TLFI]가 중요한 몫을 차지할 수 있을 것이다.

제6장 프랑스어의 주변

　기술 장비로서 컴퓨터는 텍스트와 소리와 이미지를 동시에 분석할 수 있게 한다(1절). 현재의 언어자원은 언어 변화(2절)뿐만 아니라 프랑스의 안과 밖에 존재하는 다양한 형태의 프랑스어(3절)에 대한 연구에도 기여한다. 언어의 경계를 넘어 정보를 검색할 수 있는 사회에서 동기화 기술과 병렬 말뭉치의 구축은 새로운 종류의 언어자원을 만들어내고 있다(4절).

1. 몸짓과 이미지

　구어 전사(4장 2절)는 구어와 텍스트라는 두 가지 방식을 결합시킨다. 이제는 소프트웨어가 텍스트와 소리와 이미지를 결합한 다면적인 데이터를 설명할 수 있게 한다. 예를 들어 [→앤빌(ANVIL)]과 [→엘란(ELAN)]은 비디오 녹화와 원하는 주석, 즉 전사문, 얼굴 표현, 몸짓, 자세 등의 범위를 동기화할 수 있게 한다. 비디오는 많은 디스크 공간을 사용하고 이것을 관리할 때에는 메모리가 많이 필요하기 때문에, 위에 언급한 소프트웨어들은 주석할 수 있는 데이터의 길이에 제한이 있다. 의사소통 규칙을 분석하기 위해서는 반복적으로 볼 수 있는 장치가 필수적이라고 생각한 상호작용 언어학에서 이러한 동기화 장치가 고안되었다.22) 화자 인식(누가 말하는가?), 언어 인식(어떤 언어인가?), 이야기 내용 인식(무엇에 대해 이야기하는가?)에 관심이 있는 구어 자동 인식은, 현재 감정 인식(어떤 심리적 상태인가?)에도 관심을 갖기 시작했다. [→필트레이스(Feeltrace)]와 같은 소프트웨어는 말뭉치에서 분석할 수 있는 감정을 기록하는 것이 목적이다.

이 분야에서 가장 어려운 점은, [→휴메인(HUMAINE, *HUman MAchine Interaction Network on Emotion*)]이 보여준 것처럼, 주목할 사건과 그 사건들을 표현하는 방식에 합의하는 것이다. 감정의 경우, 지배적인 방식은 비연속적인 범주 집합을 만드는 것이다. 이 때 사용할 범주에 대해서 합의가 어렵다는 것은 널리 알려져 있다. 감정을 표현하는 어휘에 포함된 매우 많은 단어들이 모두 '범주'가 될 수 있지만, 지나치게 많은 범주들은 실제 상황에서 사용할 수 없기 때문이다. [→필트레이스(Feeltrace)]가 구현한 또 다른 가능한 방법은 차원(dimension) 개념을 사용하는 것이다. 개별 차원은 양극단 사이의 연속체로 이루어져 있고 주석은 그 위에 커서를 위치시키는 것이 된다. [→필트레이스(Feeltrace)]는 하나의 범주에서 다른 범주(개별 차원의 양극단)로의 순차적 이행이 여러 작업자들이 주석할 때 적절한 합의에 이르게 하는 것을 방해한다는 것을 보여준다. 구체적으로 말하면, 두 개의 차원은 겹치는 범주 없이 20여 개의 범주를 만들어낸다.

또 다른 문제는 '자연적인' 데이터, 다시 말해서 연기된 것도 아니고 억지로 끌어낸 것(*elicited*)도 아닌, 실제 상황에 맞는 감정 데이터를 사용하는 문제이다. 콜센터의 녹음(주식 거래소, 응급실)뿐만 아니라 개인이 경험

---

22) 몬다다(L. Mondada), 2005, '상호작용 언어학의 말뭉치 분석 : 개인 연구로부터 집단 연구까지(L'analyse de corpus en linguistique interactionnelle : de l'étude de cas singuliers à l'étude de collections)', in 『의미론과 말뭉치』(*Sémantique et corpus*), 콩다민(A. Condamines)(éd), Hermès, p.75-108

한 '충격적인 상황'에 대한 이야기(사고, 재난)나 운동 경기에 대한 의견 교환 등이 그러한 자료가 될 수 있다.

2. 프랑스어와 역사

고전 프랑스어(17세기)와 현대 프랑스어의 경우, 문학 작품에 사용된 언어에 한해 [→프랑텍스트(Frantext)](3장 1절)가 언어의 상태를 보여주는 단편들을 구성하거나 시간의 흐름에 따라 하나의 단어를 살펴볼 수 있게 해준다. 더 오래된 시대에 대해서는 [→프랑텍스트(Frantext)]가 마르첼로 니자(C. Marchello-Niza)에 의해 구축된 [→BFM(중세 프랑스어 데이터베이스, Base du Français Médiéval)]을 통합해야 할 것이다. 이 데이터베이스는 교정판으로부터 선별한 60여 개의 텍스트, 또는 약 3백만 개의 단어를 포함하고 있다. 마르텡(R. Martin)의 보호 아래 구축된 [→DMF(중세 프랑스어 사전, Dictionnaire du Moyen Français)]도 [→프랑텍스트(Frantext)]에 포함되어 있으며, 이 자료는 1330년-1500년의 시기에 작성된 것이다. 이 사전은 218개의 텍스트와 약 7백만 개의 단어를 수집해 놓았다. 오타와 대학의 [→LFA(고대 프랑스어 연구소, Laboratoire de Français Ancien)]는 쿤스트만(P. Kunstman)의 지휘 하에 12세기와 13세기 텍스트들과 중세 프랑스어에서 선별한 3백만 단어를 수집하였다. 이 자료들은 [→ARTFL]를 통해 제한적으로 접근할 수 있다.

언어자원의 문제[23]는 화자가 어떠한 직관도 사용하지 못하는 사멸한 언어와, 적용 시기가 넓고(중세 프랑스어의 경우 7세기에 걸쳐있다) 방언(프랑시

---

23) 프레보(S. Prévost), 2005, '중세 프랑스어 말뭉치 구축과 활용 : 문제점, 특징, 기여 (Constitution et exploitation d'un corpus de fraçais médiéval : enjeux, spécificités et apports)', in 『의미론과 말뭉치(*Sémantique et corpus*)』, 콩다민(A. Condamines)(éd), Hermès, p.147-176.

앵어, 노르망디어, 샹파뉴어, 피카르디어, ...)과 공용어로 나뉘어 있는 언어의 경우에 특히 심각하다. 형태적 변이형과 필기체의 변이형 때문에, 현대 프랑스어보다 중세 프랑스어의 경우가 텍스트를 구성하고 디지털판으로 서 인정받는 데 비용이 더 많이 든다. 예를 들어 [→BFM(중세 프랑스어 데 이터베이스)]는 동사의 반과거 1인칭 복수형의 변이형으로 avïiens, avïens, aviens, aviions, avyons(프레보(S. Provost)에서 인용)을 포함하고 있다. 디지털 사진과 전사문의 형태로 『트루아의 그리스도인』(*Chrétien de Troyes*) 가운데 '수레를 탄 기사'(Chevalier a la Charrete)의 모든 원고를 수 집하는 것이 목표인 [→수레 프로젝트(Charrette)]처럼, 텍스트 원고와 이 것의 교정판을 동시에 사용할 수 있을 때, 여러 주석 수준을 정렬하는 작 업이 가능하다.

전통적으로 고대 언어 말뭉치는 '원시' 말뭉치이다. 그러나 몇 년 전부 터 현대 프랑스어를 위해 개발된 형태소 분석기와 레마 분석기를 고대 언 어에 적용하는 연구가 이루어지고 있다(프레보(S. Provost), p.169). [→트리 태거AF(TreetaggerAF)]가 한 예이다.

3. 프랑스의 프랑스어와 다른 지역의 프랑스어

프랑스에서와 마찬가지로, 세계 다른 지역에서도 프랑스어와 관련된 다 양한 언어자원들이 늘어나고 있다. 두 개의 프로젝트를 인용하자면, 첫째 는 벨기에의 프랑스어에 관한 것이고 둘째는 프랑스어 음운론에 관한 것 이다.

[→발리벨(VALIBEL)(다양한 벨기에 프랑스어, Variétés LInguistiques du français en BELgique)]은 3백 9십만 단어의 구어 전사 데이터베이스로서, 이것은 373시간의 녹음과 533명의 피험자에 해당되는 규모이다. 화자와 관련된

기록은 화자의 성별, 연령, 거주지, 출생지 그리고 직업을 담고 있다(그러나 화자들은 익명화되어 있다). 전사 규범은 표준 철자법을 유지하고 있는데, 이 덕분에 데이터의 정보 검색이 쉬워졌다. 구어에 문어적 기능을 적용하지 않기 위하여 전사문에 구두점을 사용하지 않았다. 반면에, 휴지부, 망설임, 발화 시작, 발화 겹침 등은 표현하였다. [→발리벨(VALIBEL)]의 형태소 분석과 레마 분석에 사용된 소프트웨어는 [→유니텍스(Unitex)]이다(5장 2절). 벨기에 프랑스어의 어휘적 특성을 반영하기 위하여 5천 2백여 개의 표제어를 갖고 있는 델프라벨 사전(Delfrabel)으로 이 소프트웨어를 보완하였다. 이러한 방식을 통해 얻고자 했던 최종 목표는 형태 통사 분석이었다. 그러나 구두점의 부재와 휴지부, 발화 시작, 단절 등의 표시가 형태 통사 분석을 어렵게 만들었다(2장 4절과 4장 3절). 유니텍스로 구성한 부분 문법은 인공적인 중의성의 일부를 제거하는 역할을 했다.

프로젝트 [→PFC(현대 프랑스어 음운론, Phonologie du Français Contemporain)]는 다양한 지역, 사회, 장르에서 사용되는 프랑스어의 발음을 기술하는 것을 목표로 한다. 프랑스어 사용 지역 가운데 50여 지방에 대해서 4개 발화 상황을 통합한 표준안을 적용하였다. 4개 발화 상황은 다음과 같다 : 백여 개의 단어 리스트 낭독하기(이 가운데에는 10개의 최소쌍 예시가 포함되어 있다), 음운 목록(일부 피험자들이 빠르게 말할 때 사라지는 음운 대립을 실현시키게 하는 단어들의 리스트)을 확인하거나 연음과 중립모음 등을 찾아내기 위해 텍스트 낭독하기, 조사자와 피험자 사이의 유도된 대화, (녹음의 질을 유지하기 위해) 최대 인원 2인 또는 3인 사이의 자유로운 대화. 예를 들어 시 예문의 낭독은 *Pâle*(8행)과 *parfums*(12행)의 실현을 분석하는 데 사용될 수 있다. 다양한 사회적 계층에 속한 피험자들은 세 그룹의 연령으로 분류되었고, 남녀가 거의 같은 비율을 이루고 있으며, 의무 교육 이상의 교육을 받은 사람들이다. 이들에 대한 기록은 하위 집단에 대한 대조 연구를 가능하게 해준다. 피험자들은 연구 참여 동의서에 서명을 하는데, 이

것은 명시적인 동의가 없을 경우 데이터에 대한 사후 사용이 불가능해지는 것을 미연에 방지하기 위해서이다. [→PFC]의 기본 주석은 전사문으로, 표준 철자법을 따르고 있으며 [→프랏(Praat)]을 사용하였다. [→프랏(Praat)]의 스크립트는 전사 텍스트 처리를 위한 출력과 같은 주변적인 작업을 보장해 준다. 다른 도구 소프트웨어들은 중립모음이나 연음 등의 출현 빈도와 코드 분류와 같은 분석을 용이하게 만들어 준다. [→PFC]의 홈페이지에 공개되어 있는 참고 문헌이나 연구 방법론에 관한 데이터들은 이 프로젝트에서 얻은 연구 경험이 공유될 수 있도록 보장해준다. 이러한 활동은 [→오락(OLAC)](8장 2절)과 유사한 정신에서 비롯되었다. 언어자원의 일부는 인터넷 공개를 목적으로 하고 있다.

4. 프랑스어와 다른 언어들

(다국어) **정렬(alignement)**24)은 대역 관계에 있는 두 개의 텍스트에서 출발한다. 정렬 작업에서는 더 정밀한 대응 관계를 만드는 것이 관건이다(부분 텍스트나 문장 간의 정렬은 **문장 정렬**, 단어들 사이의 정렬은 **어휘 정렬**이라 한다). 인터넷에서는 여러 개의 시 예문의 번역문을 만나게 된다(관련 링크 참조). 그림 8은 일부 번역문들의 첫 부분을 인용한 것이다. 이 시의 큰 구분(제목과 시행)은 지켜지고 있다. 이에 따라 대충의 대역문 정렬은 가능하다. 반면에 세부 구조의 구분이 항상 지켜지는 것은 아니다. 예를 들어 첫 번째 영어 번역판의 2행은 프랑스어 시의 2행과 3행에 해당된다. 정렬된 두 텍스트의 문장들은 항상 양방향으로 동일한 것은 아니다. 한 언어

---

24) 베로니스(J. Véronis), 2000, '다국어 말뭉치 정렬(Alignement de corpus multilingues)', in 『언어공학(*Ingénierie des langues*)』, 피렐(J.-M. Pierrel) (éd), Hermès Science, p.151-172.

에서 한 문장으로 이루어진 부분이 다른 언어에서는 여러 문장으로 구성될 수 있다(정보의 순서가 바뀔 수도 있다). 프랑스어를 영어로 번역할 때 자주 그러하다. 프랑스어가 종속 관계(subordination)로 표현하는 것을 영어에서는 병렬 관계로 표현하는 편을 더 선호한다. 어휘 정렬의 목적은 언어에 따라 다르게 나타나는 단일어와 복합어 사이의 다양한 분포 양상을 해결하는 것이다. 시 예문과 다음 사이트에 실린 번역문(http://www.eyedia. com/rimbaud/anglais/sleepingman_an.html)의 경우, *il fait un somme*과 *il a froid*는 각각 여러 단어로 된 대응 표현을 갖고 있지만(*he takes a nap, he feels cold*), *Le dormeur*는 *The sleeping man*으로 번역되어 있다. '아름답지만 원문에 충실하지 못한 번역(belle infidèle)'이라고도 불리는 번역문은 때때로 어쩔 수 없이 원문의 구조를 심하게 변형시키기도 한다. 14행의 형용사 tranquille(*la main sur sa poitrine / tranquille*)은 번역문에서 부사가 된다(*the hand on his breast / Quietly*). 4행에서는 주어와 동사가 도치된다 : *qui mousse de rayons* 이 *where rays foam up*라고 번역된다.

정렬은 조합성(compositionalité)과 병렬성(parallélisme)이라는 두 가지 가설에 의거한다. 번역문의 일반적인 조합성은 번역문을 단어, 문장, 텍스트의 부분(시 예문에서 뽑은 예를 통해 보았던 바처럼) 단위로 정렬할 수 있게 한다. 이러한 조합성은 병렬성을 유도한다. 대역 텍스트에서 어느 한 부분의 번역문이 차지하는 자리는 소스 텍스트에서 이 부분이 차지하는 자리와 비슷한 위치에 있다. 정렬은 이러한 병렬성과 대응 관계를 명확하게 보여주는 일정수의 표지들을 사용한다. 효과적인 정렬은 병렬성과 대응 관계에 있는 담화체들을 잘 결합시켜주는 표지들의 수를 극대화시키는 것이다. 어느 한 문장의 대역문 후보들은 비슷한 위치에 있고 문장 길이도 비슷한 문장들 가운데에서 우선적으로 찾아야 한다(그림 8의 예에서 보았다시피, 한 단어를 구성하는 문자 수의 평균은 언어마다 다를 수 있다). 어휘 표지들이나, 다른 언어에서도 동일한 형태를 유지하기도 하는 고유명사나 숫자와 같은 '**변절자(transfuge)**'(시 예문에서 시 마지막 부분에 등장하는 1870이 그러한 예이다), 그리고 형태뿐만 아니라 의미도 동일한 '진짜 친구(vrais amis)'(시 예문에서 *Nature*, 그리고 *soldat*와 s*oldier*, *octobre*와 *October*, 그리고 *val*과 *vale*이나 *valley*가 그러하다)를 찾는 것도 또한 도움이 된다.

문장 단위 정렬은 소프트웨어들이 실험적인 장치를 대체한 언어 공학의 영역에 속한다(그러나 이 분야에 대한 연구, 특히 어휘 정렬에 관한 연구가 계속되고 있다). 문장 단위 정렬은 전문 번역가와 사전학자들에게 기존 사전들을 보완하는 번역어들을 제공해 준다. 신조어의 대역어뿐만 아니라 주어진 단어의 대역어로 인정할 수 있는 변이형들, 그리고 전문 용어에 대해 가장 정확한 번역(사용 관례에 따라 동질적인 것으로 간주되는 번역)을 알려주는 표지들을 여기에서 찾을 수 있다.

정렬은 상호 번역과 관련된 다양한 언어자원들을 활용할 수 있다(사용 설명서, 캐나다나 유럽처럼 여러 개의 공식어를 가진 사회집단의 공식 문서들). 인터넷은 시 예문이 보여주듯이 정렬될 수 있는 텍스트들의 보고이다. 상당수의 실험적 장치들은 그러한 텍스트들을 찾아내는 것을 목표로 한다.[25] **정렬된 말뭉치(corpus alignés)**와 함께 **비교 말뭉치(corpus comparables)**도 구축할 수 있다. 이것은 두 개 언어로 된 텍스트 집합으로, 이들은 상호 대역 관계에 있지는 않지만 밀접한 관계가 있는 동일한 영역을 다루고, 언어적으로 동일한 장르에 속한다. 의학 분야의 경우 같은 전공에 속한 문서들(예를 들어 관상동맥 관련 문서들)이나 같은 장르(대학 강의)에 속한 문서들을 수집하는 것이 가능하다. 비교 말뭉치는 병렬 말뭉치의 부족을 일시적으로 채워준다. 이 말뭉치들을 사용하면 2개 언어로 구성된 형태 어휘 언어자원을 반자동으로 구축할 수 있다.

---

25) 레스닉(P. Resnik) & 스미스(N. Smith), 2003, '병렬 말뭉치로서의 인터넷(The Web as a parallel corpus)', *Computational Linguistics*, vol. 29, n°3, p.349-380.

Le Dormeur du Val

C'est un trou de verdure où chante une rivière
Accrochant follement aux herbes des haillons
D'argent : où le soleil : de la montagne fière.
Luit : c'est un petit val qui mousse de rayons.

The Sleeper in the Vale
(*Elsie Callander*)

In a green hollow with a lilting river
Widely scattering silver tatters on the reeds.
Where, from the proud mountain peak, the sun
Glows : a little valley frothing with sunbeams.

The Sleeping Man in the Valley
(*Monji Kunio*)

It's a hole of greenery where a river sings
Hanging crazily the silver rags on the grass :
Where the sun, from the proud mountain,
Shines : it's a little valley where rays foam up.

The Sleeper in the Valley
(*A.S. Kline*)

It's a green hollow where a river sings
Madly catching white tatters in the grass.
Where the sun on the proud mountain rings :
It's a little valley, foaming like light in a glass.

[그림 8] 시 예문 : 첫 부분과 인터넷 영어 번역문

제7장 언어처리 소프트웨어와 언어자원 사용하기

십 년이 채 되기 전에 언어자원과 언어처리 소프트웨어는 그 수가 크게 증가하였다. 그러나 분야에 따라 다르긴 하지만, 이들은 사용하기가 결코 쉽지 않다. 그래서 본 장에서 설치 문제(1절), 전처리와 후처리(2절), 주석의 활용(3절), 오피스 제품들과의 차이(4절), 문자의 문제(5절) 등을 다루는 것이다. 특히 본 장에서는 XML을 통해 (데이터의 입출력을) 규범화하여 자료의 교환과 축적을 수월하게 만들고(6절), 언어처리 소프트웨어와 언어자원을 조합할 수 있는 방안(7절)에 대한 전망을 제시하겠다.

1. 설치

언어처리 소프트웨어와 언어자원을 사용하는 첫 번째 단계는 사용하고 있는 컴퓨터에 이들을 설치하는 것이다. 여러 가지 OS를 지원한다면(유닉스/리눅스, 윈도우즈, 맥(MacOS)), 자신의 컴퓨터에 맞는 버전을 내려 받으면 된다. [→프랏(Praat)]의 경우가 그러한데, 일단 내려받기가 이루어지면 소프트웨어는 즉시 사용할 수 있다(예를 들어 윈도우즈의 경우 소프트웨어 시작을 위한 단축 버튼이 생긴다). 그 이외의 경우, 설치 작업은 이미 설치되어 있는 소프트웨어와 연동되어 있거나 직접 매개변수를 설정해 주어야 한다. [→ 트리태거(Treetagger)]에서 형태소 분석을 수행할 텍스트의 전처리 기능, 예를 들어 문장이나 단어의 줄 단위 정렬 기능을 제공하는 유틸리티를 사용하기 위해서는 프로그래밍 언어인 [→펄(Perl)]이 필요하다. 또한, [→트리태거(Treetagger)]에서는 필요한 소프트웨어나 유틸리티를 어디에서 찾아야 하는지를 검색 시스템에게 일일이 알려주어야 한다. 리눅스/유닉스에서는 프로그램을 실행할 수 있기 위해 자동으로 검색된 문서/디렉토리에 추가적으로 적합한 문서/디렉토리를 만들어주어야 한다. [→트리태거(Treetagger)] 관련 자료(영어판)는 선택한 OS에 따라 실행해야 하는 설치 작업을 알려준다.

　소프트웨어의 설치와 함께 제공되는 관련 자료들을 이용할 수 있다. 일부 소프트웨어들은 인터넷에서 제한된 도움말을 제공하기도 한다. 다른 소프트웨어들은 관련 자료를 사용자 메뉴얼에 포함시켜 놓았다. 또 다른 소프트웨어들은 학습 자료와 사용 예시, 시험용 게임 등을 인터넷에 올려놓은 상당히 큰 사용자 공동체의 도움을 받을 수도 있다. [→프랏(Praat)]의 경우가 그러한데, 이 소프트웨어의 사이트에는 관련 자료 배포와 전문가 포럼까지 언급되어 있다. 조직화된 사용자 공동체가 없다면 다른 사용자들을 찾아서 그들의 충고와 경험을 얻을 수 있다. 어떤 경우에는 관련 자료들을 대충 읽어보아야 한다. 그래야만 적어도 사용할 수 있는 기능들이 어디에 있는지 알 수 있고, 실수나 어려움을 예상할 수 있으며, 이를 통해 언어처리 소프트웨어와 언어자원들을 최적화하여 사용할 수 있다.

2. 전처리/후처리/연동

통계학이나 이미지 처리 분야에 존재하는 소프트웨어 라이브러리나 표준화된 처리 단계와 같은 것이 언어 데이터 처리 분야에는 지금 당장 사용할 만한 것이 없으며, 이러한 것은 아마도 몇 년 안에는 사용하기 힘들 것이다. 왜냐하면 전혀 구조화되어 있지 않은 데이터('원시' 텍스트)와, 절반 정도 구조화된 데이터(형태소 분석기의 출력물), 그리고 구조화되어 있고 표준화된 데이터가 공존하고 있기 때문이다. 이에 따라 주어진 처리 과정에서 만들어진 데이터를 '다시 모듈화하여' 다양한 표현 형식을 가진 다양한 언어자원과 소프트웨어들을 결합해야 한다는 것이 드러났다. 이것이 [마닝(Manning) & 쉐츠(Schütze), 1999]가 '더러운 손(dirty hands)', 즉 낮은 수준의 표현 형식 문제(low-level formatting issues)라고 말한 것이다.

특정 소프트웨어를 (더 잘) 활용할 수 있도록 데이터를 전처리/후처리하거나 변형시키는 두 가지 예를 보기로 하자.

1장에서 시 예문이 시행 구조가 아니라 문장 구조를 갖고 있을 때 [→ 코르디알(Cordial)]이 오류를 덜 범한다는 것을 보았다(표 15). 소네트 크기 정도라면 손으로 고치는 것을 고려해볼 수 있다. 그러나 시 예문이 포함된 모음집 전체, 즉 행 구조로 되어 있는 랭보의 작품 전체를 처리하고자 한다면 자동 수정 과정이 선호될 것이다. 이 과정은 순서가 정해져 있는, <조건(motif)><행위(action)> 유형의 다시쓰기 규칙을 텍스트에 적용하는 것을 말한다. 이 때 **조건 motif**(**patron, filtre**라고도 한다)은 행위 action(아무 것도 안 하는 것이나 데이터를 있는 그대로 남겨 놓는 것이 될 수도 있다)의 개시에 필요한 상황 문맥을 나타낸다.

특정 문자(여기에서는 \n)가 줄바꿈을 표시하고 연속 줄바꿈은 제목과
시 사이, 시와 시 사이, 연과 연 사이를 분리하며, 빈 칸은 ␣으로 표현되
는 텍스트에서 출발한다면, 이 규칙은 다음과 같이 표현될 수 있다.

Nº	조건 motif	행위 action
1	<줄바꿈><빈 칸>*<대문자><줄바꿈이 아닌 문자>+<줄바꿈><줄바꿈>+ <passage à la ligne><espace>*<majuscule> <caractère autre que passage à la ligne>+<passage à la ligne><passage à la ligne>+	<그대로 입력>
2	<마침표><줄바꿈><대문자>	<그대로 입력>
3	[<줄바꿈>]₁[<대문자>]₂ [<passage à la ligne>]₁[<majuscule>]₂	<[<줄바꿈>]₁을 [<빈 칸>]₂으로 대체하고 대문자는 대응되는 소문자로 대체하기>
4	<모든 문자>	<그대로 입력>

1번 규칙은 제목에 관한 것이고, 2번 규칙은 이어지는 새 시행의 처음
에서 새 문장이 시작되어 같은 시행에서 문장이 끝나는 조건을 표현하며,
3번 규칙은 새 문장이 시작되는 것은 아니지만 시행 처음에 대문자가 나
타나는 경우를 표현한다. 마지막 4번 규칙은 주어진 문자를 그대로 가져
다 쓰는 마무리 규칙으로, 앞서 제시된 모든 규칙들이 적용될 수 없을 때
적용되는 기본 규칙의 역할을 한다.

규칙의 조건은 이 규칙이 적용되기 위하여 주어진 텍스트의 부분이 보
여주어야 하는 '유사성(air de famille)'을 정의한다. <줄바꿈> 문자에 이어
서 <마침표> 문자를 찾아내는 2번 규칙의 첫 부분처럼, 유사성은 문자의
존재로 표현될 수 있다. 그러나 텍스트의 특징을 단순히 나열하여 외연적
으로 표현하는 것이 아니라 내포적으로 기술할 수 있어야 한다. 그리하여
2번 규칙의 끝은 A부터 Z까지의 대문자 집합과 액센트 부호가 붙은 대문

자 집합을 가리킨다. 1번 규칙에 사용된 기호 *는 선행 문자가 없을 수도 있지만 동시에 무한히 반복될 수 있다는 것을 가리킨다(이 규칙의 마지막에, 줄바꿈에 대해 사용된 기호 +는 반드시 줄바꿈이 한 번 있어야 하고, 경우에 따라서는 여러 개의 줄바꿈이 뒤이어 나올 수 있음을 나타낸다). 다시 말하자면, 제목은 단독으로 한 줄을 차지해야 하고(제목에는 하나의 줄바꿈 기호가 선행하고 적어도 두 개의 줄바꿈 기호가 후행한다), 텍스트는 오른쪽으로 밀어내는 빈 칸들에 의해 시작될 수 있으며, 줄바꿈 기호가 아닌, 임의의 수의 문자들로 구성된다(이러한 기술은 문자 집합을 부정 방식(négation)에 의해 내포적으로 정의할 수 있기 때문에 가능하다).

규칙의 행위는 조건의 일부분에 해당하는 텍스트 조각들을 조작하는 것이다(이동시키기, 삭제하기 복사하기, ...). 3번 규칙에서 명시적인 조작을 허용하는 표식을 가진 <줄바꿈>과 <대문자>가 그러한 경우이다.

시 예문이 포함된 모음집에 함께 수록된 시 '감각 *Sensation*'의 제목과 처음 네 행을 인용하자면,

$$\lceil_1$$
Sensation

$_1 \rceil$ Par les soirs bleus d'été, j'irai dans les sentiers, $\lceil_3$
$P_3 \rceil$ icoté par les blés, fouler l'herbe menue : $\lceil_3$
$R_3 \rceil$ êveur, j'en sentirai la fraîcheur à mes peids $\lceil_2$.
$J_2 \rceil$ e laisserai le vent·baigner ma tête nue.

이 부분은 다음 문자열에 대응되고,

$\lceil_1 \backslash n_{\text{···}}$Sensation$\backslash n \backslash n_1 \rceil$ Par␣les␣soirs␣bleus␣d'été,␣j'irai␣dans␣ les␣sentiers, $\lceil_3 \backslash nP_3 \rceil$ icoté␣par␣les␣blés,␣fouler␣l'herbe␣menue␣ : $\lceil_3 \backslash nR_3 \rceil$ êveur,␣j'en␣sentirai␣la␣fraîcheur␣à␣mes␣peids $\lceil_2. \backslash nJ_2 \rceil$ e␣

laisserai␣le␣vent␣baigner␣ma␣tête␣nue.\n

여기에 규칙을 적용한 결과는 다음과 같다.

→¹ Sensation

←¹Par les soirs bleus d'été, j'irai dans les sentiers,→³ p←³icoté
par les blés, fouler l'herbe menue :→³ r←³êveur, j'en sentirai la
fraîcheur à mes peids→².
J←²e laisserai le vent baigner ma tête nue.

즉 다음과 같은 문자열이 된다.

→¹\n␣␣␣Sensation\n\n←¹Par␣les␣soirs␣bleus␣d'été,␣j'irai␣dans␣
les␣sentiers,→³␣p←³icoté␣par␣les␣blés,␣fouler␣l'herbe␣menue␣␣:→³␣r←
³êveur,␣j'en␣sentirai␣la␣fraîcheur␣à␣mes␣peids→².\nJ←²e␣laisserai␣le
␣vent␣baigner␣ma␣tête␣nue.\n

처음 제시된 두 개의 버전의 경우, 어디에나 적용될 수 있는 4번 규칙을
제외하면, 특수문자들이 이어지는 곳이 곧 특수문자에 대응되는 규칙이 적
용될 수 있는 지점을 가리킨다. 변형된 두 개의 버전에서는 화살표들이 이
어지는 곳이 규칙이 작용하여 다시쓰기가 이루어지는 지점이 된다. 여기에
서도 4번 규칙의 행위는 표시되지 않는다. 이 규칙은 처음 3개의 규칙들에
의해 변형이 이루어지지 않는 모든 지점에 적용되기 때문이다.

제목은 그대로 있다(1번 규칙 적용). 2행과 3행의 첫 대문자는 소문자로
대체되고(*picoté*와 *rêveur*), 줄바꿈은 빈 칸으로 대체되었다. 2번 규칙은 *Je*
의 대문자를 그대로 둔 채, 3행과 4행을 구분하는 데 적용되었다. 규칙들
은 순서대로 적용되기 때문에, 1번부터 3번 규칙 가운데 어떠한 것도 적

용되지 않으면 4번 규칙이 적용되어 주어진 문자를 그대로 가져다 쓰는 마무리 규칙처럼 작용한다.

예를 들어 형태나 레마, 범주만 뽑아내기 위하여 형태소 분석기 [→코르디알(Cordial)]의 출력물(표 5)을 단순화하는 것은 이와 유사한 규칙에 속하며 두 번째 예시가 될 수 있다. 어떤 규칙들은 영역 이름(nom de champs)을 제공하는 첫째 줄이나, 문장의 시작과 끝을 표현하는 줄 등, 쓸 모없는 줄들을 삭제할 것이다. 또 다른 규칙은 중요하다고 판단된 세 개의 콜론만 남김으로써 단어에 대한 정보를 제공하는 줄들을 변형시킬 것이다. 이러한 '청소'는 오류들을 수정하는 기회가 될 수 있다(*rivière*에 잘못 주어진 레마 *rivier*처럼).

변형에 필요한 규칙들의 조건은 [데그로프(Desgraupes), 2001]가 **정규표현식**(*regular expressions, regexps*라고 줄여서 부름)이라고 부른 것에 속한다. 유사한 문자열들의 특징을 내포적으로 기술하는 이 방법은 반복이나 임의성 등을 표현하는 형식에 다소 큰 차이가 있긴 하지만, 많은 언어처리 소프트웨어나 도구 소프트웨어에서 사용되고 있다(이것이 MS 워드 프로그램에서 '상세검색'이라고 하는 것이다).

[→펄(Perl)]이나 [→PHP], [→파이썬(Python)]과 같은 **스크립트 언어**는 텍스트 데이터의 전처리와 후처리에 적합한 언어이다. 모든 플랫폼에서 사용할 수 있고 무료로 배포되는 이 언어들은 정규표현식에 기반한 복잡한 규칙 작성 기제를 제공한다. 이들은 빨리 사용할 수 있고 어려운 전산 교육이 필요하지 않다. 앞서 소개한 것처럼 규칙 집합들을 획득하기 위해 필요한 지식을 빠르게 발전시킬 수 있다. 게다가 이 언어들은 언어 데이터에 특히 중요한 사전들을 쉽게 사용할 수 있게 한다. 이러한 편리함 때문에 스크립트 언어들은 전문적인 언어처리 소프트웨어와 좀 더 전문적인 도구 소프트웨어를 완성하고 결합시키는 '만능 열쇠'와 같은 역할을 한다. [→렉시크(Lexique)](5장 2절)는 스크립트 언어의 사용 예시들을 제공한다.

3. 주석 활용

대체로 소프트웨어의 출력물이나 데이터에는 직접 접근할 수 없고, **질의어(쿼리언어, langage de requêtes)**를 사용한 **인터페이스(interface)**을 통하게된다. 그래서 르루아(S. Leroy)[26]는 여러 텍스트 데이터베이스에서 고유명사의 환칭(換稱)(autonomase)의 용례, 즉 'Avec *Yi Yi*, Edward Yang, qui était un peu *un Antonioni chinois* pour happy few ...(행복한 소수에 등장하는 *중국인 안토니오니*와 약간 닮은 에드워드 양은 이이와 함께...)'에서처럼 의미적으로나 통사적으로 일반명사처럼 기능하면서 수식하는 기능을 갖는 고유명사의 용례를 찾아보았다. [→코르디알(Cordial)]로 형태소 분석이 이루어진 신문 텍스트에서 그는 다음과 같은 질의 조건에 주목하였다.

dét. indéf. masc. sing	Npr +	adj. qual. masc. sing

이 질의 조건은 주어진 예(*un Antonioni chinois*)와 비슷하면서 남성 단수 부정 한정사와 하나 이상의 고유명사(이것은 2장에서 이미 본 적이 있는 연산자 +의 의미이다), 그리고 남성 단수 형용사로 이루어진 연속체를 분리해낸다. 실제로 질의 조건은 형태소 분석기 [→코르디알(Cordial)]의 범주들과 함께 사용된다.

D a - m s - i	(NP) +	A f p m s

수행 측정은 **재현율**(리콜 *recall* - 관련이 있을 수 있는 답변들 가운데 실제로

---

26) 르루아(S. Leroy), 2004, '조건식으로 정보 추출하기 : 언어 분석과 자동 위치 추적 Extraire sur patrons : allers et retours entre analyse linguistique et repérage automatique', *RFLA*, vol. IX, n°1, p.25-43.

검색된 관련 있는 답변들의 비율)과 **정밀도**(*precision* - 검색된 답변들 중 관련 있는 답변의 비율)로 이루어진다. 재현율을 보완하는 것이 **정숙성**(*silence*, 검색되지 않은 관련 있는 답변)이고 정밀도를 보완하는 것이 **노이즈**(검색된 관련 없는 답변)이다.

주어진 질의 조건은 높은 정밀도를 나타낸다. 실제로 이것은 다음과 같은 후보 연속체를 수집할 수 있게 한다.

un	Don	Juan	têtu
un	Tom	Jones	flou
un	Disneyland		bas de gamme
un	Bauhaus		new-age
un	Thésée		craintif

르루아(S. Leroy)는 형태소 분석이 되어 있는 [→프랑텍스트(Frantext)]의 자료 일부(3장 1절)에 이러한 분석 방식을 적용하였다. 질의 조건은 다음과 같다.

dét.	Npr +	prép.	dét.	Nc

– 즉, 한정사 다음에 하나 이상의 고유명사가 나오고, 이어서 전치사 하나, 한정사 하나 그리고 보통명사 하나가 나온다. 이것은 다음과 같이 다시 쓸 수 있다.

&e(g=D)	&e(g=Np&?«) &?(&e(g=Np)	&e(g=Pp)	&e(g=D)	&e(g=S)

이 질의 조건에 의해 다음과 같은 연속체가 추출된다.

un Leporello à son service
le Champollion de ces hiéroglyphes
les Rastignac de la zone
les Cézanne de notre temps
le Zorro avant la lettre
cet Anapurna de la pensée

그리하여 306개 검색 결과 가운데 20개의 관련 있는 답변을 얻었다. 정밀도는 6.5%로 낮다. 재현율은 알 수 없는데, [→프랑텍스트(Frantext)]의 형태소 분석이 이루어진 자료를 직접 검토해 볼 수 없기 때문이다(인터페이스와 질의를 통해서만 자료에 접근할 수 있다). [→프랑텍스트(Frantext)]의 형태소 분석 결과를 사용하는지, 아니면 [→코르디알(Cordial)]의 형태소 분석 결과를 사용하는지에 따라 질의 조건이 달라지는 것을 볼 수 있다. 질의어는 또한 나무 구조 데이터에 대해 개발되었다. 6절에서 검색과 나무 구조 변형에 적용될 수 있는 일반적인 해결방법(XML)에 대해 살펴볼 것이다.

걸러질 수 있는 것, 분리될 수 있는 것은 또한 데이터에 따라 달라진다. 원시 텍스트는 형태소 분석이 이루어져 있는 텍스트보다 '건질 수 있는 것'이 적다. 형태소 분석이 이루어져 있는 텍스트의 상위 차원 범주는 내포적 정의를 가능하게 하는 반면 원시 텍스트는 제약 때문에 나열 관계에만 의존하게 하기 때문이다(첫 번째 질의 조건의 경우, 프랑스어에 존재하는 모든 남성 단수 형용사를 나열할 수는 없다...). 형태소 분석이 얼마나 정밀하게 되어 있는지는 검색 결과의 질에 큰 영향을 미친다. [→프랑텍스트(Frantext)]의 범주는 [→코르디알(Cordial)]의 범주보다 정밀도가 떨어지기 때문에 목표가 된 연속체를 정밀하게 걸러내지 못하며, 따라서 앞서 본 바와 마찬가지로 검색 결과에 노이즈가 더 많이 포함되어 있다.

특정 현상을 보여주는 데이터들을 질의 조건을 사용하여 수집하는 방식은 질의어로 말할 수 있는 것에 대한 지식과, 데이터들이 제공하는 것이나 상위 차원의 범주처럼 제공할 수 있는 있는 것들을 조합하는 것이다. 그리하여 다음과 같은 순환적인 방식이 만들어진다 : i) 텍스트 데이터를 관찰하기, ii) 질의 조건 수정하기, iii) 재현율과 정밀도를 평가하기, ii)로 돌아가기. 또한, 어느 수준까지 규칙들을 정밀하게 만들어야 하고, 수동 분류처럼 무엇을 인정하고 인정할 수 있는지를 아는 것이 필요하다.

4. 오피스용 소프트웨어의 '도구 상자'

오피스 환경(MS-Office, OpenOffice ...)은 언어처리 소프트웨어의 결과를 처리할 수 있는 두 가지 도구를 포함하고 있다. **스프레드시트(tableur)** 또는 표 계산 프로그램(예 : 엑셀(Excel), 오피스캘크(OfficeCalc))와 **관계형 데이터베이스 관리 프로그램**(예 : 액세스(Access)). 이 도구들은 독립적으로 사용할 수도 있다(예를 들어 데이터베이스 관리 프로그램인 MySQL은 무료 소프트웨어로 모든 플랫폼에 설치할 수 있다).

스프레드시트에서는 기술 통계학의 주요 개념들을 하나의 변수(산포도 mesure de dispersion)나 두 개 변수 간의 관계(상관관계 corrélation)에 사용할 수 있다. 통계에 익숙한 사용자들을 위해 추리통계학(statistique inférentielle)에도 접근할 수 있게 한다(표본, 검증, ...). 분석 결과로부터 도표를 만드는 것도 용이하다.

관계형 데이터베이스 관리 프로그램(데이터베이스 관리 시스템, SGBD, *Système de gestion de base de données*)은 여러 가지 속성들로 정의된 하나의 개체 유형을 기술하는 테이블을 사용한다. 개체는 테이블의 로우로 표현되고, 속성은 컬럼으로 표현된다. 모든 테이블들은 관계를 맺을 수 있다 (그래서 관계형 데이터베이스라고 명명되었다). 1장에서 살펴본 [→생텍스 (Syntex)]의 분석 결과의 일부를 다시 인용하면, 하나의 개체는 형태소 분석이 이루어진 두 개의 레마 사이의 의존성에 의해 결정되는 관계가 되는 테이블을 얻게 된다. 각 개체의 속성은 두 개의 레마, 이들의 범주 그리고 관계명이 된다.

표 17 [→생텍스(Syntex)]의 관계들로부터 정보 추출하기

(a)

레마$_1$	범주$_1$	관계	레마$_2$	범주$_2$
accrocher	V	à	herbe	N
accrocher	V	à	berbe de haillon	S

(c)

범주$_1$	빈도
N	10
V	7

(b)

레마$_1$	범주$_1$	관계	레마$_2$	범주$_2$
chanter	V	SUJ	rivière	N
faire	V	SUJ	parfum	N
luire	V	SUJ	soleil	N

이러한 테이블은 특정 컬럼이나 컬럼의 특정 값 그리고/또는 특정 개체에 한정되어 선택을 할 수 있게 한다. 표 17은 세 개의 검색 결과를 보여준다. 여기에서는 *레마$_1$*이 *accrocher*(검색 a)인 개체들, 또는 관계가 SUJ(검색 b)인 로우들을 포함한 하위 테이블을 얻을 수 있다. 또한 범주$_1$ 을 가진 컬럼만 뽑아낼 수 있고, 이 컬럼에서 동일한 값만 분류해서 각 범주의 빈도를 계산해낼 수도 있다(검색 c). 여기에 제시한 것보다 더 규모가 큰 분석 결과에 대해서는 SUJ 관계를 선택하거나 *레마$_1$*, *레마$_2$*의 순서로 분류하거나, 각 집단의 빈도를 계산하여 내림차순으로 빈도를 정렬할 수 있다. 예를 들어 동사를 기준으로 주어의 빈도를 내림차순으로 정렬할 수 있다. 다른 관계에 대해서도 동일한 방식을 적용하면 한정된 말뭉치

안에서 주어진 동사의 통사적 기능에 대한 전체적인 그림을 빠르게 얻을 수 있다.

표18 테이블 간의 관계 맺기

(a)

레마$_1$	범주$_1$	관계	레마$_2$	범주$_2$
montagne	N	mod	fière	A
val	N	mod	petit	A
soldat	N	mod	jeune	A
bouche	N	mod	ouvert	A
cresson	N	mod	frais	A
cresson	N	mod	bleu	A
pâle	A	dans	lit	N
pâle	A	mod	lit vert	S
lit	N	mod	vert	A
enfant	N	mod	malade	A
poitrine	N	mod	tranquille	A
trou	N	mod	rouge	A

(c)

레마	범주	의미
bleu	A	색상
vert	A	색상
pâle	A	색상
rouge	A	색상

(c)

레마$_1$	범주$_1$	관계	레마$_2$	범주$_2$	의미
cresson	N	mod	bleu	A	색상
lit	N	mod	vert	A	색상
trou	N	mod	rouge	A	색상

표 18은 테이블 간의 관계 맺기(또는 **결합** jointure)를 보여준다. (a)번 테이블은 *범주1*이나 *범주2*가 A(형용사 adjectif)라는 속성을 갖고 있는 것에서 알 수 있듯이, 시 예문에 대해서 [→생텍스(Syntex)]가 만들어낸 관계들을 골라낸 것이다. (b)번 테이블은 레마/범주 쌍에 색상 *couleur*이라는 의미 주석을 부여하고 있다. (c)번 테이블은 (a)번 테이블과 (b)번 테이블에 대한 관계 맺기의 결과 만들어진 것이다. (a)번 테이블의 *레마*와 *범주*의 값은 각각 (b)번 테이블의 *레마*와 *범주*의 값과 동일하다. (c)번

테이블은 이렇게 만들어진 테이블의 모든 속성을 갖고 있다. 필요 없는 컬럼은 제거하고 *레마₂*, *범주₂* 그리고 *의미* 컬럼만 남겨둘 수 있다. 이러한 방식으로 *색상*과 관련된 레마들을 얻을 수 있다. (c)번 테이블의 관계 맺기는 *레마*과 *범주*을 고려하지 않고 있으므로, 단어 *pâle A*와 색상 의미 주석의 결합관계는 호출되지 않았다.

관계형 데이터베이스는 테이블의 관계 맺기와 로우/컬럼의 선택을 통해, 범주들을 추가할 수 있는 방법을 제공함으로써 주석 정보를 풍부하게 만들 수 있다.

5. 문자의 문제

디지털 데이터를 다루면 계속해서 당혹스러운 상황을 만나게 된다. 다음과 같이 뚜렷한 이유 없이 이메일에 이상한 문자들이 나타날 때처럼 : *Question de repreÃ©sentativitÃ© de corpus.* 맥킨토시에서 작성된 시 예문을 유닉스/리눅스에서 읽으면 다음과 같이 나타난다 : *C'est un trou de verdure o# chante une rivi#re Accrochant follement aux herbes des haillons D'argent : o# le soleil, de la montagne f#re, Luit : c'est un petit val qui mousse de rayons...*(# 문자는 유닉스/리눅스에서 나타낼 수 없는 문자를 의미한다). 액센트 부호가 있는 문자들은 제대로 표현되지 않고 줄바꿈은 더 이상 존재하지 않는다는 것을 볼 수 있다. 이러한 차이는 정보를 코드로 표현할 때 일어나는 불일치 현상에 의해 설명될 수 있다. 유닉스/리눅스와 맥킨토시는 정확하게 동일한 문자 집합을 사용하고 있는 것은 아니다. 액센트 부호가 없는 문자들은 동일하지만 액센트 부호가 있는 문자와 줄바꿈 기호는 서로 다르다. 시 예문의 1행을 HMTL로 표현하면 다음과 같다 : *C'est un trou de verdure o&ugrave*

; *chante une rivière*. 액센트 부호가 붙은 문자들은 상징적인 이름이나 개체(entité)(악상 그라브가 붙은 u(ù)는 *ugrave*), 또는 '&'와 ';'에 둘러싸여서 찾을 수 있는 명사에 의해 표현된다. 하나의 문서 안에 상이한 문자 체계(그리스어와 같은 사어나 국제음성기호 API 등)가 공존하는 경우, 문제는 훨씬 더 까다로워진다. 이 때에는 주어진 플랫폼에 연계된 특수한 기호체계를 사용해야만 했고(예를 들어 API의 경우는 인터넷 사이트 [→씰(SIL)]에서 구할 수 있다), 이 때문에 정보의 출력과 공유가 어려워지곤 했다. 문자의 진화는 이러한 상황을 바꾸게 된다.

가장 기본적인 수준에 데이터는 문자열이다. 이 문자들은 0과 1, 또는 **비트**(bits, *binary digit*)의 연속체로 코드화된다. 7비트의 연속체는 2^7개의 문자, 다시 말해서 128개의 문자를 코드화할 수 있고, 8비트(**옥텟**, octet)는 2^8, 즉 256개의 문자를 코드화할 수 있다. 현재 사용되고 있는 언어이든 사어이든, 그 수가 증가하고 있는 언어들을 처음으로 디지털화하는 것은 코드화해야 하는 문자의 수, 즉 코드화에 필수적인 할당 공간을 점차적으로 늘리는 문제가 된다.

컴퓨터 공학이 액센트 부호를 사용하지 않는 영미권에서 시작되었기 때문에 처음에는 한정된 수의 문자 집합을 사용하였다(128개 - 이 가운데 첫 32개 문자는 인쇄되지 않는 제어 문자이다). 그리하여 1963년에 아스키 코드(ASCII *American Standard Code for Information Interchange*)는 ISO 646의 표준이 되었다. ISO(국제 표준화기구, *International Organization for Standardization*)는 국가간 지식, 과학, 기술과 경제 교류를 용이하게 하기 위한 국제 표준을 정하는 기관이다. 이 기관은 각국의 표준화 기구를 구성원으로 갖는다(프랑스의 표준화 기구는 AFNOR, 프랑스 표준화기구 *Association Française de Normalisation*이다).

다음 단계는 여러 유럽언어들을 기술하기 위해 8비트(256개 자리)에 대한 규범 집합을 만드는 것이었다. 서유럽과 관련된 규범은 ISO-LATIN-1

(또는 ISO-8959-1)이다. 아스키 코드와의 호환성을 유지하기 위하여 ISO-LATIN-1의 첫 128개 문자는 아스키코드와 동일하게 만들어졌다(아스키 코드는 부분집합이 된 셈이다). 이것이 윈도우즈에서 사용되는 문자 체계이다. Œ와 Ÿ은 여기에 포함되어 있지 않으므로 이 문자들은 유닉스/리눅스와 윈도우즈에서 동일한 자리를 차지하고 있지 않다.

1991년 이후 현재 단계는 [→유니코드(Unicode)] 단계이다. 이 새로운 규범은 모든 언어와 모든 문자 체계를, 그것이 옛 것이든 현대의 것이든 상관없이(국제 음성 기호 API도 유니코드에 포함되어 있다), 포함하는 단일한 코드 체계를 사용하는 것을 목표로 한다. 유니코드는 많은 프로그램 언어에 내장된 코드체계이면서 XML 문서들이 기본적으로 사용하는 코드체계가 되었다. 유니코드의 2003년 버전(4.0)은 (1,114,112개를 표현할 수 있는 공간에서) 96,382개의 상이한 문자들을 표현한다. 유니코드는 문자의 가장 작은 단위 또는 가장 작은 의미 구성체로 간주되는 **문자**(caractère)의 개념과, 문자의 시각적 표현인 **글리프**(glyphe)를 명확하게 구별한다. 하나의 문자는 여러 글리프로 표현될 수 있다. 예를 들어 일부 아랍어 문자는 단어 안에서 처음에 나타나는지, 중간에 나타나는지, 마지막에 나타나는지에 따라 형태가 달라진다. 반대로 하나의 글리프는 상이한 문자들에 의해 공유되거나(글리프인 ' 는 동시에 모음생략 부호와 오른쪽 작은 따옴표 부호로 사용된다), 합자(合字)의 경우처럼 한꺼번에 여러 문자들에 대응되기도 한다. 이메일에 사용되는 이모티콘인 스마일 기호(smileys)도 그러하다. 스마일 기호는 여러 문자들을 조합하여 웃거나 당황해 하는 작은 얼굴을 만들어내는데, 예를 들어 동의를 표현하기 위한 :-) 또는 :)는 다음과 같은 그림이 된다.

모든 문자에는 방향성(히브리어는 오른쪽에서 왼쪽으로 쓰고, 일본어는 위에서 아래로 쓴다)이나 조합 방식 등과 같은 일정한 특징이 부여된다. 이 특징들 덕분에 유니코드를 사용하는 프로그램은 분류, 검색, 대체 등의 기능을 수행할 수 있다. 유니코드를 저장하는 여러 코딩 형태가 존재한다 : UTF-32, UTF-16, UTF-8. UTF-8에서 문자 하나의 코드는 다양한 수의 옥텟을 차지할 수 있다.

유니코드가 일반화되면 이 장의 처음에 언급한 당혹스러운 상황들은 점차 줄어들 것이다. 그리고 유니코드는 다언어주의를 실현하기 위해 매우 중요하다.27) 지금으로선 오래된 코드를 새로운 코드, 특히 유니코드로 변환할 수 있게 되는 것이 필요하다.

유니코드의 음성 표기 문자들을 사용할 수 있게 하는 여러 종류의 키보드나 가상 키보드에 의존하지 않고 전세계적으로 음성 표기 사용을 용이하게 하기 위하여, 중간적인 해결책으로서 [→샘파(SAMPA)]를 사용할 수 있다. 이 음성 기호 체계는 키보드의 '일반적인' 부분만 사용한다(아스키코드에 해당하는 부분). 예를 들어 시 예문의 마지막 구절은 다음과 같이 표현된다.

le paRF9~ n@ fo~ pa frisone sa naRin
il dOR da~ l@ solEj la me~ syR sa pwatRin
tRa~kil il a d2 tru RuZ@z o cote dRWa

[→렉시크(Lexique)]와 매트로미터가 선택한 것과 같은 더 특이한 기호 체계들과 달리, [→PFC(현대 프랑스어 음운론, Phonologie du français contemporain)]나 [→구어 프랑스어 참조 말뭉치(Corpus de référence du français parlé)] 등

---

27) 자콥슨(J. Jacobson), 2004, '현장 언어학의 구어 말뭉치(Corpus oraux en linguistique de terrain)', *TAL*, vol. 45, n°2, p.63-88.

의 프로젝트는 [→샘파(SAMPA)]를 사용하여 자료 전사를 수행했다.

6. 공유와 변환을 위한 표준화

우리는 1장과 2장에서 소프트웨어들의 입출력 표현과 데이터들의 표현이 표준화되고 명시적이 되면 장점이 많다는 것을 보았다. (우리가 시 예문의 편집 뒤에 숨겨진 소네트 형식을 다시 발견하게 된 것처럼) 소유권이 있는 형식과 표현 규범은 지속성을 갖고 결과물의 교환을 가능하게 하기에는 명시적이지 않은 채로 남아 있는 것들이 너무 많다. 이 때문에 **구조화된 문서(documents structurés)**를 사용하게 된다. XML 형식은 하나의 문서를 노드들과 삽입 구조들이 분명하게 표시된 나무 형태로 변형시킨다. 그림 9는 [→TEI]가 만든 시 장르의 표현 규칙을 사용하여 시 예문의 구조를 XML로 표현한 [→TEIVerse]를 인용한 것이다. 그림 9에서 나무 노드들이 항상 단순한 태그들로 표현되지는 않았다는 점을 주목하게 된다. <속성 이름>="<속성의 값>"의 쌍은 일부 노드들을 장식하고, 제공된 정보들을 풍성하게 만든다. 특히 노드 lg은 (나무의 가장 높은 곳에 위치한 노드에) : sonnet(소네트)라는 타입을 부여하고, 삽입된 노드들에게는 quatrain(사행시)이나 tercet(삼행시)라는 타입을 부여하였다. 이 삽입된 노드들에 대해서는 각운 연결에 관한 정보가 제공되었다(예를 들어 첫째 사행시에 대해서는 rhyme="abab"라는 정보가 주어졌다). 마지막으로 각 시행(나무 구조의 뿌리에 해당하는 l의 하위 나무 구조)은 met라는 속성을 통해 강세의 분포를 표시한다 (+ : 강세 있음, - : 강세 없음) enjamb ="y"이란 속성은 주어진 시구가 다음 시행으로 연장된다는 것을 표시한다.

만약 어떤 문서가 나무 구조로 표현될 수 있다면(그림 3 참조) 이것은 그 문서가 문법을 지키고 있기 때문이다. 예를 들어 그림 9의 나무 구조에 숨겨진 문법의 일부는 다음과 같이 형식화할 수 있다.

> TEI.2 $\Rightarrow$ teiHeader text
> teiHeader $\Rightarrow$ fileDesc
> fileDesc $\Rightarrow$ titleStmt
> titleStmt $\Rightarrow$ author title
> author $\Rightarrow$ <문자열 suite de caractère>
> title $\Rightarrow$ <문자열>
> text $\Rightarrow$ group | front body
> group $\Rightarrow$ text+
> front $\Rightarrow$ head dateline
> head $\Rightarrow$ <문자열>
> dateline $\Rightarrow$ <문자열>
> body $\Rightarrow$ lg
> lg $\Rightarrow$ lg+ | l+
> l $\Rightarrow$ <문자열>

이 문법에서 노드 뒤에 위치한 기호 +는 어떤 상징을 반복적으로 사용하는 것이 가능하다는 것을 나타내고(라인 그룹을 의미하는 lg는 lg의 연속체라고 다시 쓸 수 있다), 기호 |는 둘 중에 하나를 선택할 수 있음을 의미한다. 예를 들어 text는 연속적인 text의 연속체, 또는 front(문서 맨 처음에 등장하는 요소(*element*)들)와 body(텍스트의 본문)의 연속체로 다시 쓸 수 있다. 방금 제시된 것과 같은 유형의 문법을 쓸 수 있게 되는 순간부터, 주어진 문서가 이 문법을 지키고 있는지 아닌지를 자동으로 확인할 수 있게 된다. 따라서 XML의 세계에서 문서 형식 정의(DTD-*Document Type Definition*)라고 불리는 이 문법에 따라 문서가 작성되었는지 검증할 수 있다. 결국 XML은 모든 문서에 어떤 문법을 부여하고 이 문법에 따라 문서가 작성되었는지를 확인할 수 있게 하는 일종의 프레임인 셈이다. 그리하여 XML은 문법의 정의와 사용을 가능하게 하는 메타언어가 된다. 게다

가 DTD가 전체 구조만을 검증할 수 있게 하는 반면, XML은 일반적인 문법보다 더 세밀한 다른 장치들(스키마(schéma)가 한 예가 된다)을 제공하여 세세한 부분에서 문서가 적절하게 작성되었는지를 확인할 수 있게 한다. 그리하여 type="quadrain(사행시)"이란 속성을 가진 시행(lg)들의 집합이 실제로 4개의 노드 l(ine)을 지배한다는 것을 확인하는 것이 가능하다. 문서 검증을 위한 다양한 장치들은 문서 교환을 용이하게 만들어 준다. 검증 규칙들은 명시적이고 전달하여 사용할 수 있다. 주어진 문법에 따른 문서를 전달받은 사람은 무엇을 예상해야 하는지 정확하게 알 수 있다.

물론 각자가 자신의 문서를 위한 문법을 개발할 수 있다. 예를 들어 소네트는 다음과 같이 기술할 수 있을 것이다.

> 소네트 ⇒ 사행시 사행시 삼행시 삼행시
> 사행시 ⇒ 시행 시행 시행 시행
> 삼행시 ⇒ 시행 시행 시행
> 시행 ⇒ <문자열>

그러나 사용자 집단이 선호하는 기존의 문법을 재사용하는 것이 편리하다. 축적된 경험의 혜택을 누릴 수 있고 또한 여기에 기여할 수도 있기 때문이다. 10여 년 전부터 여러 DTD XML을 통해 인문사회학과 문헌학 분야에서 고려되어야 할 중요한 문서 유형들을 형식화하려고 노력하고 있는 [→TEI]가 바로 그러한 경우이다. [→TEI]는 일반적으로 필요한 핵심적인 규범과 시, 희곡, 순구어, 사전 등에 필요한 추가적인 요소들을 제공한다. [→TEI] 사이트에서는 [→TEI] 규범을 사용하는 대규모 프로젝트들을 찾아볼 수 있으며, [→TEI]의 소위원회들이 선별한 다양한 프레젠테이션과 토론 자료들도 제공되고 있다.

한 가지를 더 지적하자면, 사용가능한 데이터들이 점점 더 많이 XML로 작성되고 유효한 요소들을 갖추고 있다고 해도 소프트웨어들은 XML

로 된 문서들을 입력받는 데 여전히 어려움을 겪을 수도 있고, 또 반드시 XML 형식으로 작성된 출력물을 만들어내지 않을 수도 있다. [→트리태거(Treetagger)]는 XML 태그들을 인식하는 처리 방법을 사용하는 반면 [→코르디알(Cordial)]은 이들을 단어로 인식하여 문제를 일으킨다. 하지만 이 부분에 대해서도 상황은 매우 빠르게 개선되고 있다.

표 12가 보여주었듯이, 시 예문을 표현하는 문서를 더 많이 구조화할 수도 있다. 예를 들어 절을 문장으로 나누고 시행을 단어와 음절로 나눌 수도 있다. 그러나 이렇게 나무 구조를 발전시키는 것은 표현해야 할 정보의 성격에 의해 제한된다. 그림 10은 이것을 잘 보여준다. 시행의 수준 (둥글게 표현한 상자)과 문장의 수준(각진 상자)은 불일치하고, 나무들 즉 s(entence-문장)와 l(ine)은 서로 교차한다. 음절과 단어도 마찬가지이다. 대부분의 경우 음절 syll(abe)과 단어 w(ord)가 동일한 부분에 대응되지만 (*un, trou, de, où, chante*), 하나의 음절이 여러 단어로 이루어질 수도 있고 (*c'est*), 반대의 경우일 수도 있다(ver | dure, ri | vière). 두 가지 유형의 정보를 설명해주는 유일한 나무 구조를 항상 얻을 수 있는 것도 아니다. 주석 그래프와 고립 주석 방식에서 구조화된 문서의 명료함을 유지하기 위해 사용한 해결 방식은 주어진 나무 구조를 하나의 독립된 문서이면서 동시에 구조화된 좌표 시스템으로 간주하는 것이다. 실제로, 나무 구조의 경로는 점과 거리를 표시할 수 있는 단일한 좌표를 제공한다. 그림 3의 나무 구조가 단어 표식(w 요소)에 의해 보완된 그림 11에서, 선으로 표시된 경로는 단어들의 연속체 *Un soldat jeune*를 분리해낼 수 있게 해주는 반면, 점으로 표시된 경로는 다섯 번째 시행의 휴지부에 이르게 한다.

모든 문서는 하나의 나무 구조라는 XML이 부여한 굴레는 역설적이게도 '해방자'가 되었다. 많은 상용 소프트웨어들이 이와 같은 특별한 정보 구조를 이용하기 위하여 개발되었다. 일부 소프트웨어에서는 나무 구조 전체를 검색할 수 있으며(하향식 검색부터 시작한다), 특정 노드에 도착할 때나 여기서 빠져나올 때 특정한 작업을 수행하게 할 수 있다. 예를 들어 head라는 노드에 도착하면 앞으로 만나게 될 문자들을 기억하고, 이 노드에서 벗어날 때 이 문자들을 인쇄한 후 다음 줄로 이동하면, 작품모음집에 담긴 모든 시의 제목 리스트를 얻을 수 있게 된다. 나무 변형 언어 [→XSLT]에 기반한 다른 소프트웨어들은 그림 12에서처럼 나무 구조(또는 하위 나무 구조)를 변형시키는 규칙을 기술하게 해준다. 이 규칙들은(그림 오른쪽의) 변형 전 나무 구조의 노드들이 지배하는 문자열들의 일부를 그대로 가져온 하위 나무 구조 출력물을 또 다른 하위 나무 구조 입력물에 대응시킨다. 그림 오른쪽의 규칙 1은 HTML 페이지의 초기 단계를 생성하며, 이 단계는 웹 검색 프로그램으로 시각화될 수 있다. 이 때, 작가 이름은 1 단계의 제목이고 작품 모음집의 제목은 2 단계의 제목이 된다. 실제로 이 규칙은 나무 구조의 뿌리인 HTML을 만들고, HTML은 두 개의 자식 노드(node fils), H1(*heading* 또는 1단계의 제목)과 H2를 갖는 BODY 노드를 지배한다. H1과 H2는 각각 XML 나무 구조의 author 노드와 title 노드에 의해 지배되는 것을 지배하게 된다. 규칙 1은 이 규칙의 왼쪽 부분(하위 나무 구조)이 시 작품 모음집을 표현하는 문서인 또 다른 하위 나무 구조에 대응될 수 있을 때 적용된다. 게다가 이 규칙은 1단계와 2단계의 제목들이 나무 구조들의 뿌리인 text 노드에 적절한 규칙들을 호출한 결과를 나타내야 한다고 규정하고 있다. 규칙 1에 의해 시작된 규칙 2의 연속적인 호출은 작품 모음집의 여러 시들의 제목(*Les étrennes des orphelins, Sensation, Soleil et chair...*)을 추가함으로써 처리중인 HTML 문서를 완성한다. 그림 12의 왼쪽 아래에는 하위 나무 구조를 생성하는 규칙들을 적용함으로써 생겨난 HTML 나무 구조가 포함되어 있고, 가운데에는 이에 상응하는 HTML 텍스트가 있다. 그림 13은 이 텍스트를 웹 검색 프로그램으로 시각화한 결과를 보여준다.

[→엑스쿼리XQUERY]와 같은 소프트웨어에서는 노드들에 대한 장식과 같은 구조를 이용해서 구조화된 문서에 관한 질의를 할 수 있다. 그리하여 하나의 시구가 여러 시행에 걸쳐져 있는 현상(enjamb="y")을 포함한 시들(요소 body)을 추출할 수 있는데, 예를 들어 시 '골짜기에 잠들어 있는 사람'(*le Dormeur*)은 추출되지만 시 '감각'(*Sensation*)은 추출되지 않는다. 동일한 방식으로 (속성 met의 값을 사용하여) 주어진 리듬 유형에 맞는 시행들을 추출할 수 있다. 소네트의 삼행시 각운 구조(여기에서는 eef ggf)는 소네트를 (셰익스피어로부터 시작된 영국 소네트처럼 이행시로 끝나는) 전통시에 가깝게 만들며, 따라서 주어진 시 예문처럼 주석이 부여된 시 작품 모음집으로부터 이러저러한 전통에 속한 소네트들을 추출할 수 있다.

난해한 XML은 거대하고 규칙적으로 확장되고 있다. 그러나 이것이 XML을 인상적으로 만드는 것은 아니다. 결국 언어학자들은 교육을 통해서 '나무 안에서 사는 방법'을 배워야 하고, 나무 구조를 다시 써야 할 때에는 창조적이 되어야 한다. 더군다나 XML은 (최소한으로) 이해 가능한 상태를 유지하도록 만들어지긴 했지만, 이것은 눈으로 읽고 손으로 쓰기 위해서 만들어진 것은 아니다. 소프트웨어들과 작업 환경은 검증 수단을 개발하고 유효성과 다른 여러 가지들을 순차적으로 검증하면서 쓸 수 있게 해주고 있다. 앞서 2장에서 언급한 스크립트 언어들도 방금 소개한 장치들을 포함하고 있다는 것을 지적하겠다. 그러나 XML은 복잡한 데이터들의 표현과 보증 문제에 대해서 핵심적인 장치들을 제공한다. 특히 XML은 결과물과 데이터를 이해 가능한 규칙들에 의해 변화시킬 수 있게 한다. 그리하여 하이덴과 라브렌티브(S. Heiden & A. Lavrentiev)[28]는 동일

---

28) 하이덴(S. Heiden) & 라브렌티브(A. Lavrentiev), 2004, '중세 텍스트 연구를 위한 디지털 자원 : 접근 방법과 도구(Ressources électroniques pour l'étude des textes médiévaux : approches et outils)', *RFLA*, vol. IX, n°1, p.99-118.

한 XML 문서로부터 동일한 데이터에 대한 상이한 '관점'들을 만들어낼
수 있는 가능성을 보여준 바 있다.

7. 소프트웨어와 언어자원을 조합하기

최근 십 년 간 일어난 일들 가운데 가장 놀라운 일은 상대적으로 고정
되어 있던 데이터가 지속적으로 발전하는 데이터로 바뀌었다는 것이다.
이제는 안정적이고 수정이 불가능한 말뭉치를 구축하는 것이 아니고 한
번만 주석하는 것도 아니며, '되돌아가지 않고' 아무것도 추가하지 않은
채 이미 주석된 말뭉치를 분석하는 것도 아니다. 반대로, 이제는 사용 가
능한 데이터들로부터 다양한 말뭉치를 구성할 수 있다. 소프트웨어들을
사용하면 이 말뭉치들을 상이한 차원에서 주석할 수 있다. 또한 동일한
차원에서 다양한 도구들을 사용할 수도 있다. 이렇게 하면 주석들을 비교
할 수 있고, 가장 믿을 만하다고 판단되는 소프트웨어로 작업된 주석들을
가려낼 수 있으며, 주석들을 조합할 수도 있다(2장 3절 참조). 예를 들어 레
킵(*L'Equipe*)29)의 기사들, 인터넷 사이트들과 축구 경기 중계 전사문으로
구성된 말뭉치로부터 축구 언어에서 사용된 donner 동사와 passer 동사
를 통사 의미 차원에서 분석하기 위하여, 가지글리아(N. Gasiglia)30)는 두
개의 소프트웨어를 조합하여 사용하였다. 형태소 분석기인 [→코르디알
(Cordial)]은 중의성이 제거되고 레마 단위로 분석한 버전을 만들어내는 한
편, [→유니텍스(Unitex)]는 [→코르디알(Cordial)]의 정형화된 출력물을 받
아서, 축구 언어를 위해 만들어진 부분 문법(grammaire locale)을 사용하여

---

29) 역주: 프랑스의 대표적인 일간 스포츠 신문 가운데 하나.
30) 가지글리아(N. Gasiglia), 2004, '말뭉치로부터 정보 추출을 최적화하기 위하여 두
    개의 분석기를 조합하기(Faire coopérer deux concordancier-analyseurs pour
    optimiser les extractions en corpus)', *RFLA*, vol. IX, n°1, p.45-62.

세밀한 의미 정보를 추가한다. 이 때 분석된 자료들은 수정 기록 가운데 특정한 한 순간의 기록을 의미한다. 게다가 이 기록이 **처리 연쇄**(chaîne de traitement)라고 불리기는 하지만, 항상 시간 순서대로 이루어지는 것은 아니다. 또한 이 기록은 나무 구조로 이루어지기도 한다. 모든 주석 수준은 여러 다른 주석들로 연장될 수 있다. 이러한 주석의 흐름에 의해, 그것이 수정하기 쉽고 단순한 실수이든, 사용하기를 원하는 범주와 실제로 사용할 수 있는 범주 사이의 간극이든, 소프트웨어와 언어자원에서 발견되는 오류들을 냉정하게 생각해 보게 된다. 왜냐하면 여기에서는 언제든지 재작업을 할 수 있기 때문이다.

이러한 연속적인 주석 과정을 수행하기 위해서는 소프트웨어와 언어자원을 조합하는 법을 아는 것이 필요하다. 이러한 조합은 스크립트 언어, 데이터베이스, 스프레드시트 등을 모아놓은 '도구 상자'에 의해 수행된다. 소프트웨어의 입/출력물과 데이터베이스에 대한 규범화된 표현(XML)의 개발은 규칙에 의한 변형 장치로 이어진다. 좀 더 강력한 이 장치는 변형 과정을 좀 더 투명하고 이해하기 쉽게 만들면서도 주석 정보의 유연성과 재사용가능성을 증가시킨다.

앞으로 실현될 수 있는 주석들의 흐름은 데이터, 소프트웨어, 중간 단계와 결과물을 선별하는 것보다 더 확실한 방법론을 필요로 한다. 다음 장에서는 이러한 방법론에 대해 이야기하겠다.

```
<text>
 <body>
  <lg type="sonnet">
   <lg type="quatrain" rhyme="abab">
    <l met="+-+ - +-+—+">C'est un trou de verdure où chante une rivière</l>
    <l met="- +-+-+—+" enjamb="y">Accrochant follement aux herbes des
haillons</l>
    <l met="-+—+—+-+" enjamb="y">D'argent ; où le soleil, de la montagne
fière,</l>
    <l met="+ +-+ +-+ - +">Luit : c'est un petit val qui mousse de rayons.</l>
   </lg>
   <lg type="quatrain" rhyme="cdcd">
    <l met="- + +-+-+-+-+">Un soldat jeune, bouche ouverte, tête nue,</l>
    <l met="- + -+ - +-++" enjamb="y">Et la nuque baignant dans le frais
cresson bleu,</l>
    <l met=+"—-+-+—+">Dort; il est étendu dans l'herbe, sous la nue,</l>
    <l met="+ -++- +-+">Pâle dans son lit vert où la lumière pluet.</l>
   </lg>
   <lg type="tercet" rhyme="eef">
    <l met="-+- +-+ - +-" enjamb="y">Les pieds dans les glaïeuls, il dort.
Souriant comme</l>
    <l met="- + - +-+-+-+">Souriant un enfant malade, il fait un somme
:</l>
    <l met="-+ - +- +-++">Nature, berce-le chaudement : il a froid.</l>
   </lg>
   <lg type="tercet" rhyme="ggf">
    <l met="- +-++ - + - +">Les parfums ne font frissonner sa narine :</l>
    <l met="-+—+-+-+" enjamb="y">Il dort dans le soleil, la main sur sa
poitrine</l>
    <l met="-+-+-++—++">Tranquille. Il a deux trous rouges au côté
droit.</l>
   </lg>
  </lg>
 </body>
</text>
```

[그림 9] [→TEI]로 표현한 시 예문(확장된 버전)

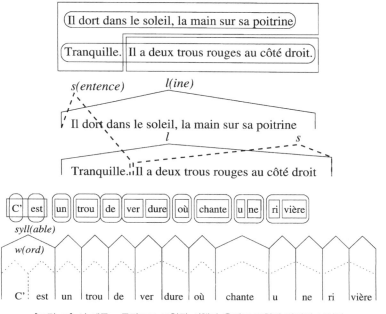

[그림 10] 시 예문 : 문장으로 표현된 시행과 음절로 표현된 단어의 불일치

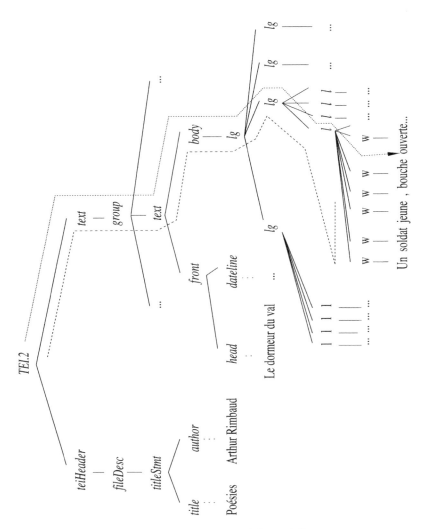

[그림 11] 시 예문 : 좌표 체계로서의 XML 수형도

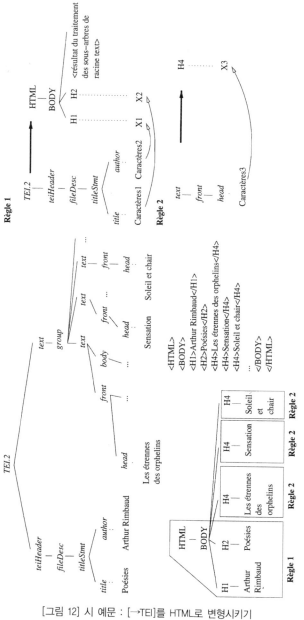

[그림 12] 시 예문 : [→TEI]를 HTML로 변형시키기

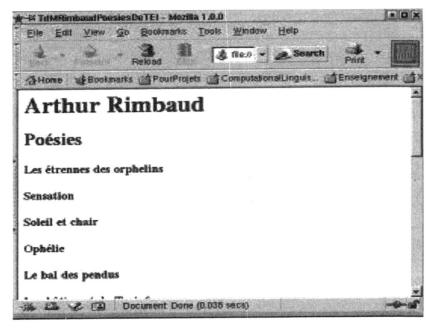

[그림 13] 시 예문 : [→TEI]를 HTML로 변형시키기(결과)

제8장 컴퓨터 도구를 활용한 언어학 방법론

컴퓨터 도구와 주석 데이터의 사용은 기술 방식의 표준화와 함께 이루어진다. 그러나 기술 방식의 표준화는 어쩔 수 없는 한계를 갖고 있다(1절). 또한 컴퓨터 도구와 주석 데이터를 사용할 때에는 여러 주석 단계에서 공유될 수 있는 적절한 메타데이터의 사용을 가정하고(2절), 이를 통해 얻어진 결과물의 표현성을 문제 삼게 된다(3절).

1. 자료 축적을 위한 표준화

주석은 무엇보다 다루는 현상에 따라 분할과 주석 방식에 대한 상대적인 합의를 가정한다. 이 때 '상대적'이라 함은 수동 주석이나 주석 도구의 제작을 책임지고 있는 사람들에 따라 합의가 달라진다는 것을 의미한다. 마지막으로 주석은 해당 학문 집단이 주어진 현상들에 대해 갖고 있는 지식 상태를 반영하여 구체화된다. 이런 의미에서 어휘, 주석 말뭉치 그리고 주석 도구들은 프랑스어에 대한 지식을 차츰차츰 획득하여 쌓아가는 방식으로 여기에 기여한다. 그러나 현재 상황에서 이러한 지식의 축적은 산발적으로 이루어지고 있으며, 전체적인 지도를 제공할 수 있을 만큼 기존에 만들어진 부분 지도들이 서로 쉽게 어울리지도 않는다.

따라서, 주석은 일정한 언어 분석 수준에서 데이터를 분류하기 위해 이루어지는 점진적인, 그러나 임시적인 안정화 과정으로 여겨진다. 일반적으로 이러한 분류 과정은 많은 내용을 담고 있는 이론적인 작업과는 거리가 멀고, 차라리 다른 이론이나 응용 프로그램에서 주석된 자료들을 재사용하는 것이 목적이라고 할 수 있다. 가장 쉽고 빠르게 주석하는 능력은 복잡한 표현 방식과 이론적 기대를 극복할 수 있게 한다. 국제 평가 조사와 국내 평가 조사(특히 [→테크노랑그(Technolangue)]과 같은 프로그램)는 이러한 안정화 작업에 크게 기여하고 있다. 정보 검색과 추출 분야에서 처음 개발된 후 응용 학문 연구 기관에서 많이 의존하고 있는 이 평가 조사들은, 형태 통사 주석, 또는 사람, 기관, 장소 이름, 즉 개체명 인식 기술 (NER, *Named Entity Recognition*), 사실 자료에 관한 질의 응답 시스템 [→ EQUER], 통사 분석 [→EASY], 의미 중의성 해소(문맥 안에서 단어에 적절한 의미를 부여하는 것) 등 다른 분야로 차츰 일반화되었다. 참여자들은 우선, 주어진 현상에 대해 이미 주석이 된 학습 말뭉치를 사용한다. 이들은 이 말뭉치를 시금석처럼 사용하여 시스템을 개선시킨다. 둘째 단계에서는 참여자들이 주석되지 않은 말뭉치를 받아서 각자의 시스템으로 주석한 후 이 말뭉치를 제출해야 한다. 제출된 결과물은 처음에 학습용으로 배포된 주석 말뭉치와 비교하여 재현율(recall)과 정밀도(precision)로 평가된다. 이 때, 주석된 참조 버전인 '샘플'과 비교하여 성능을 양적으로 평가하는 '블랙박스' 평가 방식이 '유리상자'보다 선호된다. 유리상자 평가 방식은 여러 복잡한 처리 단계들이 관찰된 오류들을 어떻게 해결하는지 세밀하게 검토한다. 이러한 평가 조사들은 특정 주석 유형에 대해 기대할 수 있는 평균 수준을 결정하고, 이를 결정하기 위한 효율적인 조사 방식을 찾아내게 한다. 이런 의미에서 평가 조사는 실험 장치들이 상용 소프트웨어에 도입되는 데 기여하고 있다. 동시에, 동일한 주석 수준에 대해 충분히 합의된 표기 체계의 사용이 점차 늘어나고 있다. 텍스트 편집 방식(소유권이 있는 편집 방식 또는 XML)을 넘어서 언어 현상들을 표기하는 방식에 대한 합의는 궁극적으로 여러 컴퓨터 도구와 언어자원들을 비교할 수 있게 하는 데 크게 기여한다. 1996년과 1998년 사이에 이루어진 프랑스어 형태통사 주석기에 대한 평가 조사인 「그라스 GRACE」는 주석 결과물을 비교할 수 있는 핵심적인 주석들의 목록을 구축한 바 있다.

평가 과정들이 그러한 것처럼, 여러 사람이 집단적으로 주석 데이터를 구축하는 것은 항상 수동 주석의 신뢰성과 일관성 문제에 대하여 새로운 사실을 밝혀 준다. 예를 들어 베로니스(J. Véronis)[31]는 언어학 석사 과정 학생 집단에 대해 실시한 조사 연구를 통해 문맥 안에서 다의어들의 의미를 정할 때 느끼는 수월성과, 동일한 단어들에 대해 실제로 관찰되는 상당한 불일치 현상의 차이를 보여주었다. 같은 과의 다른 학생들에게서도, 문맥 안에 출현한 다의어에 일반 사전에 제시된 의미 가운데 하나를 부여할 때 드러나는 수월성과, 가능한 주석의 범위를 좁히면서 더 큰 의미 자질을 사용하기 위하여 의미들을 계층화할 때, 주석자들이 선택된 의미들에 대해 보여주는 낮은 동의율 사이의 차이는 명백하게 드러났다. 결국, 난해한 상황에서 이루어져야 하는 선택 가능성을 제한하기 위하여, 첫 눈에는 화자에게나 언어학자에게 쉬워 보이는 작업들에 대해서도 특수한 훈련과 "경험적 해석" 작업이 필요하다.

이러한 분석은 형태 통사 분석이나, 문장 또는 단어로 분할하는 작업처럼 단순하다고 여겨지는 작업들을 포함하여 자동 처리의 오류들을 상대화시킨다. 그리하여 수동 주석이 충분히 안정적이지 않은 경우, 주석 작

---

31) 베로니스(J. Véronis). 2004. '의미 주석을 위해서 어떤 사전이 필요한가? (Quels dictionnaires pour l'étiquetage sémantique?)' *Le français moderne*, vol.72 n°1. p.27-38.

업에 기대할 수 있는 '최선'은 반드시 100%가 아니라는 결론을 이끌어낼 수 있다. 앞서 언급한 주석자들 간의 다양한 동의 수준과 더불어, 단일한 주석자도 항상 동일한 방식으로 주석을 수행하지 않는다는 점에 주목해야 한다. 같은 사람이 상당한 시간 간격을 두고 동일한 부분을 처리할 때, 반드시 동일한 주석이 부여되는 것은 아니다. 텍스트가 전개되면서 주석자가 동일한 현상에 대해 내린 결정이 흔들리기도 한다. 이러한 상황은 수준별로 검토하는 것이 적절할지도 모르겠다. 필요한 합의가 선례에 의존할 수 있는 영역이 분명히 있다. 수 세기 동안의 경험을 통해 확정된 '품사' 분할의 혜택을 받고 있는 형태 통사 주석이 그러한 예이다. 그러나 통사 주석만 해도 상황이 같지 않다. 다양한 의견이 지배하고 있는 의미 분할 영역에서 샘프슨(G. Sampson)은 일관성 있는 의미 분할이 가능한지 의심하게 하고 더 나아가 의미 수준에서 재생산이 가능한 자동 처리의 가능성에 대해 의심하게 하였다. "단어의 의미는 경험적이고 예측 가능한 과학 이론이 설명할 수 있는 현상이 아니다". 따라서 적어도 주석이 사용하는 의미 부류들의 문화적 특성을 규명하는 데 많은 노력을 기해야 할 것이다. 그러나, 이러한 의미 분류의 상대성 때문에 자동 의미 처리가 불가능하다고 주장해서도 안 될 것이다.

2. 문서화하기 : 메타데이터

메타데이터(meta-data)는 사용된 언어자원에 대한 관리 자료를 의미한다. 메타데이터는 두 가지 상반된 목적을 갖고 있다. 첫째 목적은 언어자원이 '고아'가 되는 것을 피하는 것이다. 메타데이터가 없으면 주어진 언어자원이 어떤 선택과 어떤 편집 작업에 의해 무엇과 유사한지, 궁극적으로 이 언어자원이 정확하게 무엇을 의미하는지를 알 수 없게 된다(다시 말해서 이 언어자원은 설명이 없는 데이터가 된다). 랭보의 작품 가운데 주어진 제목이 가리키는 것이 무엇인지 정확히 알지 못하면 랭보의 '시'들을 제공하는 웹 사이트들이 메타데이터가 없는 언어자원이 된다. 반대로, 프랑스국립도서관(BNF)에 의해 디지털화된 도서들의 인터넷 서비스인 [→갈리카(Gallica)]에는 판본들이 자료화되어 있다. 이 사이트는 다른 사용자들이 주석을 전달받아 이미 이루어진 작업 결과로부터 작업을 시작할 수 있게 하며, 훗날에 개선된 조건에서 주석 작업을 다시 수행할 수 있게 한다. 둘째 목표는 누군가에게 언어자원이 존재한다는 사실과 이 자원의 성격을 충분히 정확하게 알려서 그 사람의 목적에 따라 이 자원을 사용할 수 있게 하는 것이다. [→TEI]는 문서 전체에(경우에 따라서는 개별 문서 집합에) 헤드 또는 [→Tei-Header]를 부여한다(1장 3절 참조). 따라서 문서의 기록은 개별 문서에 추가적으로 '얹혀 있다'고 할 수 있다. 문서의 기록은 다음과 같은 정보들을 제공한다.

1. 사용된 원전과 디지털 버전의 관계 :
   - 원전의 저자/디지털 버전의 책임자
   - 대략적인 규모(문자/단어 기준)
   - 배포 가능성 : 저작권, 무료 배포, 라이센스 등
2. 주석 방식의 선택 : 목적, 분할 유형, 수정, 태그, 문서들을 하위범주화할 때 사용되는 분류 기준 ...
3. 데이터의 구성 : 구축 날짜와 장소, 언어와 용어, 선택된 텍스트의 유형
4. 자세한 데이터 수정 기록

첫째 항목만이 필수적이다. 표 9의 4행부터 10행에 제시된 헤드의 버전은 [→TEI]가 권고하는 자료화의 일부만을 따르고 있다. 예를 들어 [→갈리

카(Gallica)]에 제시된 버전들 가운데 두 개는 4행에 대해 *Lui. C'est un petit aval qui mousse de rayons* (그림 14[32])이라고 쓰고 있는데, (여기서 요구되는 12음절 시구 대신 13음절이 나왔기 때문에) 이것은 리듬상의 이유로 불가능하다는 것이 분명하다. 같은 이유로, 이 버전들은 언급된 날짜도 다르다 : 1870년 10월 또는 1870년 10월 7일. 4행의 수정 기록에 관해서는 위에 제시한 둘째 주석 항목에서 언급될 수 있을 것이다. 그리고 날짜의 선택은 셋째 주석 항목에서 언급될 수 있다. 포레스티에(L. Forestier)는 자신의 판본(갈리마르 출판사의 '시' 시리즈)에서 '두에 모음집'이라 불리는 작품집 가운데 랭보가 1870년 10월 두에에 머물면서 정서한 두 번째 모음집의 첫째 시로서 시 예문을 등장시킨다. 포레스티에는 예를 들어 가르니에 플라마리옹 판본에서 슈타인메츠(J.-L. Steinmetz)가 취했던 1919년 판본을 따르는 일반적인 관례와 거리를 두면서 원전의 순서를 그대로 유지하고 있다.

> C'est un trou de verdure où chante une rivière
> Accrochant follement aux herbes des haillons
> D'argent ; où le soleil, de la montagne fière,
> Luit : c'est un petit aval qui mousse de rayons.

[그림 14] 시 예문 : 4행의 aval (복사본)

> Luit : c'est un petit val qui mousse de rayons.
> Un soldat jeune, bouche ouverte, tête nue,

[그림 15] 시 예문 : 필사본 4행-5행 (복사본)

---

32) 국립프랑스도서관이 폴 베를렌느(Paul Verlaine)가 서문을 쓴 1895년 바니에(L. Vanier) 판본을 디지털화한 버전에서 인용(notice : FRBNF37300147). 국립프랑스 도서관이 1891년 쥬농소(L. Genonceaux) 판본을 디지털화한 버전도 동일한 교훈을 준다.

장콜라(C. Jeancolas)가 필사한 작품 판본은 시 예문에 대해서 영국 국립 도서관(British Library)이 소장한 필사본(슈테판 츠바이크 소장품(Stefan Zweig n° 181))의 복사본을 제공한다. 이 자료의 4행은 분명히 *aval*이 아니라 *val*을 포함하고 있다. 장콜라는 날짜(1870년 10월 7일이 아니라 1870년 10월) 가 '랭보에 의해 훗날 다른 펜으로 가필되었다'라고 명시하고 있다. 아르 튀르 랭보라는 서명은 모든 편지의 오른쪽 아래에 등장한다. 장콜라는 시 예문이 처음 출판된 것은 19세기 프랑스 시 문집 4권(1888년 르마르)이라 고 말한다. 이 책의 복사본을 보면 시 예문의 5행이 수정되었다는 것을 볼 수 있다. *lèvre ouverte*가 *bouche ouverte*로 대체되었다. 원고의 수 정에 대해 [→TEI]가 제안한 표기법은 다음과 같다.

> Un soldat jeune, <del type="ouverstrike">lèvre </del>
> <add place="supralinear">bouche</add> ouverte, tête nue.

여기서 삭제 표시(deletion)와 추가 표시(add)를 나란히 놓는 것은 대체 를 의미한다. 속성은 *lèvre*를 줄을 그어 삭제하고(overstrike) *bouche*가 그 위에 추가되었다는 것을 표현한다(*supralinear*).

이러한 예들을 통해 출발 텍스트를 정하는 것이 이미 주석이며 해석이 라는 것을 알게 된다.

TEI의 헤드는 문서 편찬 기관, 도서관, 기록 보관소 등에 제공되어, 사 용자가 관심 있는 자원들을 찾아볼 수 있도록 카탈로그, 색인, 참고문헌 데이터베이스를 구축하거나 보충하기 위하여 따로 떼어낼 수 있다 (*independent header*). 독립적인 헤드의 자동 검색을 용이하게 하기 위하여 [→TEI]는 몇 가지 권고 사항들을 추가적으로 만들었다.

이 점에서 [→TEI]는 인터넷에서 수집될 수 있는 데이터에 명시적인 메타데이터를 부여하는 추세에 부합하고 기여한다고 볼 수 있다. 실제로

[→W3C] 컨소시엄(*Web Wide Web consortium*)은 [→더블린 코어(Dublin Core)]가 '정보의 홍수'라고 부르는 확인하기 어려운 디지털 데이터가 넘쳐나는 현상에 맞서기 위하여, 시멘틱 웹(*semantic web*)의 개발을 제안했다. 검색기가 제공하는 웹 페이지들은 실제로 '고아들'이다. 이들을 실질적으로 이해하는 데 필요한 문맥이 결여되어 있기 때문이다. 사용자들은 의도하지 않게 문헌학자의 위치에 서게 된다. 텍스트 한 조각으로부터 문서 전체, 다시 말해서 사이트 전체를 재구성하는 것이 그의 몫이기 때문이다. 사용자는 여러 증거들에 근거하여 사이트의 성격과 신뢰성을 평가해야 한다(이것이 공식 사이트인가? 정기적으로 업데이트되고 있는가? ...). 분명히 인터넷 상에서 '랭보에 대하여'(*du Rimbaud*)를 찾을 수 있지만, 이 사이트를 믿어도 될까? 이 사이트를 사용할 수 있을까? 3장에 인용한 잘못된 버전의 예들을 참고하라. 그리하여 시멘틱 웹 프로젝트는 현재 인터넷에 제공되고 있는 내용에, 자동처리나 사용자에 의해 제공될 수 있는 형식화되고 표준화된 메타데이터를 추가하고자 한다. 이 메타데이터는 제공할 정보와 정보 제공 방식 모두에 관한 것이 될 것이다.

우선, [→더블린 코어(Dublin Core)]의 제안이 중심적인 역할을 한다. 더블린 코어는 정보의 출처(이미지, 음성 파일 등 문서의 부분들에 대해 설명하는 역할을 할 수 있다)를 기술하기 위하여 15개의 한정된 수의 단순 요소(element)들을 제공한다. 이 요소들은 자료 처리 분야의 국제적인 전문가들이 선택한 것이다. 더블린 코어가 한정된 규모의 분류 집합을 갖고 있는 것은 (메타데이터를 추가할 때 다의 관계를 피하기 위하여) 하나의 태그에 하나의 의미를 부여하는, 쉽게 처리할 수 있는 목록을 사용하자는 목적에 따른 것이다. 모든 사용자, '모든 디지털 세계의 산책가'는 특별한 교육을 받지 않고도 더블린 코어에서 메타데이터를 만들고 사용할 수 있어야 한다. 더블린 코어를 프랑스어를 비롯한 많은 언어로 번역한 것은 여기에 제시된 태그와 그 의미를 공유하는 데 기여하였다.

이름	번역	정의
내용		
title	표제	자원에 주어진 이름
description	요약정보	초록, 차례, 무료 텍스트...
subject	주제	핵심어, 분류 코드, 전문 어휘
type	자료유형	자원 내용의 성격과 장르
coverage	내용범위	자원의 시공간 범위
source	정보원	자원의 출처
relation	관련자원	관련 있는 다른 자원 안내
지식 재산권		
creator	생성자	자원의 내용 생산에 주된 책임이 있는 개체명
contributor	기여자	자원의 내용 생산에 기여한 개체명
publisher	발행처	자원의 배포에 책임이 있는 개체명
rights	이용조건	지적 재산권, 저작권
기본 정보		
date	날짜	자원의 생산이나 출판 날짜
language	언어	자원의 지적 내용
format	파일 형식	자원의 물리적 또는 디지털상의 실행
identifier	식별자	ISBN, URL 유형의 확실한 지시 정보

[→더블린 코어(Dublin Core)]는 무료 텍스트를 포함해서, 일부 영역에 대해서는 메타데이터의 일의적 해석을 보장하고 자동 검색을 용이하게 하는 기존의 규범을 그대로 사용할 것을 권고한다. [→ISO 8601] 규범에 따른 날짜 표현의 경우가 그러하다. 1870년 10월 7일 대신 1870-10-07처럼 YYYY-MM-DD라고 표현한다. 프랑스어를 fr이라고 부르는 [→ISO 639] 규범에 따른 언어 표현의 경우도 마찬가지이다. 한편, 더블린 코어는 공유되고 있는 핵심 요소들을 계속해서 사용하면서 다른 발의들이 메타데이터를 보완하는 것을 가능하게 하기 위하여, 확장 기제를 포함하고 있다.

1999년 만들어진 [→오락(OLAC)](*Open Language Archives Community*)은 언어자원의 검색과 사용을 용이하게 하기 위하여 더블린 코어를 확장했다. 정보 검색기가 제공하는 목록화의 한계를 완화시키기 위하여 [→오락 (OLAC)]은 언어자원 사용자의 질의와 같은 형태로, 다시 말해서 사용자에게 적절한 분류에 따라 존재하는 자원들을 보여주는 것을 목표로 한다. [→오락(OLAC)]의 주목할 만한 특징 가운데 하나는 기존의 틀 안에 언어처리 소프트웨어(*tools*)와 언어자원(*data*) 이외에 경험과 권고 사항(*advice*)을 포함시켰다는 것이다([→TEI]도 '예시적으로' 주석한 텍스트들을 제공함으로써 유사한 시도를 했으며, 프랑스 언어총국(DGLFLF, Délégation Générale à la Langue Française et aux Langues de France)도 『구어 말뭉치의 구축, 검색, 보존과 배포를 위한 실용 안내서』에서 비슷한 시도를 했다). [→오락(OLAC)]의 기본 생각은 이 것을 사용하는 사람들이 여기에서 제안된 형식으로 자신들이 기여한 바를 설명하고, 이러한 기여 활동에 대하여 직접적으로, 또는 중간 역할을 담당하는 매개 기관을 통하여 질의를 할 수 있어야 한다는 것이다. [→ LDC(언어 데이터 컨소시엄)]이나 [→엘라(ELRA, 유럽 언어자원 협회)]와 같은 기관 공급자들뿐만 아니라 [→Linguist List]와 같은 다른 단체들도 이러한 활동과 관련이 있다. 더블린 코어의 확장은 특히 요약정보를 명시화하는 속성들에 의해 이루어졌다. 그리하여 기술된 자원에서 기여자가 수행한 정확한 역할을 나타내기 위하여 기여자 contributor 요소에 define이라는 속성을 추가하였다. 예를 들어 포레스터(L. Forester)는 여기서 사용된 시 예문 버전의 책임자이다. 파일 형식의 경우, 문자 코드, 태그 유형(7장 6절 참조), 필수적인 플랫폼 등을 기술할 수 있다.

[→오락(OLAC)]에서는 다른 발의들에서 제안된 바 있는 확장 방식도 사용할 수 있다. 이를 위하여 [→오락(OLAC)]은 통제된 어휘를 제공한다. 해당 자원이 속한 언어학의 영역과 분야의 경우(형태론, 통사론, 유형론, 입력 시스템, 언어 철학, 응용 언어학, …)와 자원의 유형(어휘, 1차 데이터, 언어학적 기술)의 경우가 그러하다. 언어나 관련 방언을 표현하기 위하여, [→오락 (OLAC)]은 440개 언어만 포함하고 있는 [→ISO 639]의 규범 사용을, 사

어와 에스페란토와 같은 인공 언어를 포함한 훨씬 다양한 언어를 포함하고 있는 [→씰(SIL)]과 [→Linguist List]의 제안에 의해 보완하고 있다. 또한 [→오락(OLAC)]은 매우 다양한 유형의 담화들을 제시하고 있다 : 연극(*drama*), 의식 담화(기도, 유언), 상호작용 담화, 말장난, 발표(*oratory*), 나레이션, 사실 보고, 노래, 이해 불가능한 구어 이야기(*unintelligible speech*).

쓸모 있는 메타데이터를 사용한다는 것은 메타데이터를 사용하여 기술할 대상과 기술하는 방식에 동의한다는 것을 가정한다. 이것이 TEI와 더불린 코어, 그리고 오락이 하고 있는 것이다. 그러나 인간이나 컴퓨터가 사용하기 편한 형식으로 정보에 접근할 수 있게 만드는 것은 아직 숙제로 남아있다.

인터넷에 존재하는 HTML 페이지는 엄밀한 의미에서 해당 페이지의 본문에 앞서 헤드 HEAD 부분에 등장하는 META 요소들의 속성쌍인 NAME과 CONTENT 안에 등장해야 하는 메타데이터를 가질 수 있다. 시 예문의 경우, 이런 정보를 갖고 있고 있는 페이지의 첫 부분은 다음과 같이 표현될 수 있다.

```
<HTML>
<HEAD>
<TITLE>Le dormeur du val</TITLE>
<META NAME="DC.Creator" CONTENT="Arthur Rimbaud">
<META NAME="DC.Title" CONTENT="Le dormeur du val">
...
<META NAME="DC.Language" CONTENT="FR">
<META NAME="DC.Date" CONTENT="1870-10-07">
</HEAD>
<BODY>
<!- poème -->
</BODY>
</HTML>
```

HTML 태그인 <TITLE>은 웹 브라우저가 첫째 줄에 보여주는 제목을 삽입한다. META로 시작하는 태그 안에 있는 것들은 화면에 보이지 않는다. 반대로 그 내용은 상세 검색을 위해 사용될 수 있다. 이 메타 태그 덕분에, 랭보를 언급하지만 랭보가 쓴 것이 아니거나 반대로 랭보에 관한 사항들을 포함하고 있지만 이름 자체는 포함되어 있지 않은 페이지들로부터 아르튀르 랭보가 직접 쓴 문서들을 구별해낼 수 있다. 게다가 언어에 관한 메타데이터(DC.Language)는 인터넷에 존재하는 다른 언어로 된 번역물들이 아닌 프랑스어로 된 랭보의 글들을 골라낸다.

현재 메타데이터는 [→W3C]이 제안한 [→RDF](*Resource Description Framework*)를 폭넓게 사용한다. [→RDF]의 환경에서 자원 resource이라는 단어는 이 책이 인정한 것보다 더 넓은 의미를 갖고 있다. 이 단어는 단일한 방식으로 식별할 수 있는 것이라면 실제 존재하는 것이든 가상의 것이든 상관없이 모든 개체를 가리킬 수 있다. RDF의 기본은 단언문으로, 이것은 일정한 특징(속성)에 대하여 주어진 자원에 속성값을 부여하는 것이다. 그리하여 자원에 대한 태그는 세 부분, 즉 <자원><속성><값>으로 구성된다. 이것을 그림으로 나타내면, 두 개의 노드가 <속성> 태그가 부여된 링크로 표현된다. 노드와 링크, 즉 단언문들은 그림 16이 보여주는 것처럼 서로 결합한다.

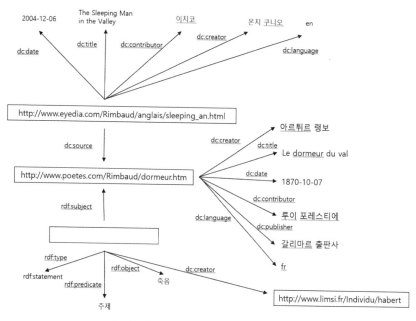

[그림 16] 시 예문 : [→RDF]로 쓴 메타데이터

이 그림에서 중심 자원은 시 예문 텍스트를 가리키는 URL인 http://www.poetes.com/Rimbaud/dormeur.htm이다. 여기에서는 다음과 같은 여섯 개의 단언이 이루어졌다. 저자(dc:creator)는 아르튀르 랭보이고, 1870년 10월 7일에 만들어졌으며, 제목은 *Le dormeur du val*이고 편집자는 갈리마르 출판사이며, 루이 포레스티에가 이 자원을 만드는 데 기여하였다. 그런데 이 URL을 포함하는(rdf:sujet) 이름 없는(비어있는 상자) 또 다른 자원이 존재한다. 이 자원은 http://limsi.fr/Individu/habert라는 URL의 저자이다. 이것은 *rdf:type 링크*가 가리키는 것처럼, 단언문의 단언문 rdf : satement 이다. 이처럼 [→RDF]는 그림 가운데 부분의 사실 단언문들과 그림 아래에 위치한 이 단언문들에 대한 평가를 구별한다(이 경우에 이루어진 평가는 http://www.poetes.com/Rimbaud/dormeur.htm의 주제가 죽

음이라는 것이다). 마지막으로 셋째 자원(그림 위쪽의 URL http://www.eyedia.com/ Rimbaud/anglais/sleeping_an.html)은 첫째 자원의 출처이다. 이것은 2004년 12월 6일, The sleeping Man in the Valley(계곡에서 잠자고 있는 남자)라는 제목 아래, 이치코의 도움을 받아 몬지 쿠니오가 시 예문을 번역한 것이다. 그림 16의 dc: 또는 rdf:는 각각 [→더블린 코어(Dublin Core)]와 [→RDF]의 용어이다. 이처럼 같은 용어를 서로 다른 속성 표현 접두사와 함께 쓸 수 있으며, 이를 통해 동음이의어 관계를 제거할 수 있다. RDF의 <자원><속성><값> 구조는 그래픽을 사용한 버전 이외에, XML이나 관계형 데이터베이스의 개체 형태로 표현될 수 있다. 이 경우, <자원><속성><값>으로 이루어진 구조는 *1870년에 이루어진 랭보의 저작물*처럼 상세한 검색을 가능하게 한다. 사실과 평가의 추출은 명시적으로 죽음에 대해 이야기한 텍스트들(시 예문은 여기에 해당되지 않는다)과, 죽음에 대해서 이야기하고 있다고 보고하고 있는 텍스트들을 구별해 준다. 이 때, 메타데이터는 사실적인 것과 주관적인 것 사이의 경계를 모호하게 만들지 않으면서 더 많은 데이터들을 제공할 수 있다. 게다가 기술 대상과 기술 방식에 관한 태그들을 공유하는 규범을 따르면서 구조화되어 있는 (미니) 시멘틱 웹이, 인터넷의 비정형적인 데이터들 위에 어떻게 겹쳐질 수 있는지를 보여준다.

메타데이터의 생성은 오직 일차 데이터와만 관련된 것이 아니다. 여러 단계에서 주석이 이루어지면 주석 결과물이 늘어나는 결과를 낳는다. 따라서 각 결과물에 대해 다음과 같은 자료를 남기는 것이 필요하다. 어떤 도구를 사용하여, 어떤 규칙에 따라, 어떤 상태의 출발 데이터들로부터 주석이 만들어졌는가? 2장 4절에서 시 예문이 행 단위로 정렬되었는지 문장 단위로 정렬되었는지에 따라 [→코르디알(Cordial)]의 성능이 달라지는 것을 보았다. 따라서 사용된 텍스트에 대한 기술을 주석 결과물에 추가하는 것이 반드시 필요하다.

3. 주석된 데이터들의 의미를 이해하기

[→브라운 말뭉치(Brown)]나 [→BNC 말뭉치]와 같은 '역사적인 말뭉치'는 대표성을 갖고 있다. 이 말뭉치들은 사용역(register)에 따라 언어적 특성이 달라진다는 다양성 가설에 따라, 주어진 언어의 여러 용례들의 표본을 보여준다. 이들은 데이터를 수집하는 것이 어려웠던 시절에 만들어졌다. 하지만 이제는 상황이 달라졌다. [→엘라(ELRA)]에서 르몽드 1년치를 구입하면 약 2천만 개의 단어를 사용할 수 있다. 인터넷은 훨씬 더 많은 양의 데이터를 무료로 제공한다. 킬가리프와 그리펜슈테트(Kilgariff & Grefenstette)[33]의 2003년 평가에 따르면 인터넷에서 사용된 영어는 7백 6십억 단어이고 프랑스어는 38억 단어이다(베로니스의 평가에 따르면, 2004년 10월 현재 영어는 1천억 단어이고 프랑스어는 80억 단어이다). 게다가 인터넷은 ([→렉시크(Lexique)]에서 데이터를 늘리기 위해 사용된 영화 자막처럼 텍스트와 이미지와 음원이 함께 존재하는) 수많은 다면적 데이터에 접근할 수 있게 한다.

'손에 넣을 수 있는' 또는 마우스 클릭으로 획득할 수 있는 이 데이터들의 문제는 범람 속에 존재하는 혼돈이다. 르몽드처럼 전국에 배포되는 일간지의 디지털 아카이브의 경우 프랑스어의 특정한 용례만을 대표한다(정형화된 문어). 킬가리프와 그리펜슈테트(Kilgarriff & Grefenstette)(*ibid.*)에 따르면, 인터넷은 규모가 크긴 하지만 *인터넷 자신 이외의 그 어떠한 것도 대표하지 않는다*. 시멘틱 웹의 발전을 이끌고 있는 W3C의 노력에도 불구하고 인터넷에 존재하는 데이터들은 선별이나 분류를 허용하는 명시적인 메타데이터가 결여된 상태로 남아 있다. 분명히 우리는 인터넷에서 모든 것을 발견할 수 있지만, 여기서 발견한 것이 정확히 무엇인지 모르는 채로

---

33) 킬가리프와 그리펜슈테트(A. Kilgarriff & G. Grefenstette), 2003, '말뭉치로서의 인터넷에 관한 특집호의 서론(Introduction to the Special Issue on the Web as a Corpus)', *Computational Linguistics*, vol.29, n°3, p.335-347.

남아 있다. 그리하여 우리는 인터넷에서 일간지 아카이브보다도 훨씬 정의가 덜 되어 있는 텍스트 더미를 얻게 될 위험에 처해 있다. 이것은 프랑스 퀼튀르(France Culture)[34], 라디오 노틀담[35], 스카이락(Sky-rock)[36], NRJ[37] 등처럼 상이한 라디오 방송으로부터 임의로 선택한 다양한 규모의 조각들을 뒤섞어 놓고 이것을 프랑스어 구어를 대표하는 말뭉치라고 생각하는 것과 같다.

여론 조사에 비유하자면, 그리하여 편의적인 여론 조사(가장 쉽게 만날 수 있는 개인들을 선별하기), 표본 조사(표본 안에서 전체 인구 대비 일정 비율을 지키기), 임의 조사를 구별하자면, 디지털 형태의 신문을 사용하거나 인터넷을 사용하는 것은 편의적인 여론 조사에 해당하는 것이 아닌지 자문할 수 있다. 그 어떤 경우에도, 그것은 임의 조사에도 표본 조사에도 해당되지 않는다. 따라서 이러한 여론 조사에 근거한 일반화는 쉽게 깨어질 수 있다.

반대로 말뭉치와 [바이버 외(Biber et al.), 1998]가 구축한 '사용역'에 근거한 큰 규모의 문법(1,200페이지)은 다양한 차원에 대한 통제를 통해 얻을 수 있는 것을 보여준다. 이 문법은 4천만 개의 단어를 포함한 기본 말뭉치에 근거한다. 이 말뭉치는 4개의 큰 사용역, 즉 대화(6,400,000개 단어), 소설(5,000,000개 단어), 신문 뉴스(10,700,000개 단어), 학술논문(5,300,000개 단어)으로 구성된다. 여기에 5,700,000개 단어 규모의 대화가 아닌 구어와, 일반적인 산문(6,900,000개 단어)이 추가되었다. 두 개의 언어적 변이형 즉 지역어인 영국어와 미국어가 사용역의 구성과 만난다. 이 문법은 1,800페이지에 달하는 『영어 종합 문법 *A Comprehensive Grammar of the English Language*』(R. Quirk, S. Greenbaum, G. Leech & J. Svartvik, Longman, 1985)이라는 포괄적인 참조 문법을 명백하게 확장시킨 것이다.

---

34) 역주: 프랑스 교양, 교육, 문화 관련 라디오 방송.
35) 역주: 프랑스 천주교 라디오 방송.
36) 역주: 프랑스 랩(RAP) 음악 전문 음악 방송.
37) 역주: 프랑스 대중음악 방송.

이 문법은 상대적으로 '넓은' 사용역에 따라, 영국어와 미국어를 대립시키면서, 여러 언어 자질들의 사용상의 차이를 분명하게 보여준다. 이 문법의 중요성은 특정 자질이 특정 사용역에서 차지하는 자리에 대한 세세한 기능적 해석에 있다.

이제는 '어떻게 대표성을 갖는 말뭉치를 구축할 것인가?'라는 1970년대 -1990년대의 문제의식을, 필요에 의해서 수집된 텍스트 데이터들이 어떤 특수한 용법에 대해 대표성을 갖는지를 말할 수 있는 능력으로 대체시켜야 한다. 이를 위해서는 두 가지 방식이 조합되어야 한다. 우선, 사용 가능한 문서들의 상황적, 기능적 위상을 상세히 알아야 한다. 이것은 항상 가능하지는 않으며, 특히 인터넷에서는 더욱 그러하다. 따라서 그 어떤 경우에라도, 2절에서 서술한 이유에서 상세한 메타데이터의 개발이 매우 중요하다. 이어서, 현재 사용 가능한 도구들(형태소 분석기, 통사 분석기 등)의 도움을 받아 모든 언어 분석 층위에서 이 문서들의 특징을 세밀하게 기술해야 한다. 킬가리프와 그리펜슈테트가 말한 바처럼 텍스트의 프로필 작성하기, 즉 주어진 문서가 갖고 있는 어휘적, 통사적, 구조적 규칙성을 사용 유형에 대응시킬 수 있어야 한다.38)

---

38) 아베르(B. Habert), 2000, '대표성을 가진 말뭉치 : 무엇을, 무엇을 위해, 어떻게 대표할 것인가?(Des corpus représentatifs : de quoi, pour quoi, comment ?)', in 『말뭉치에 관한 언어학』(*Linguistique sur corpus*), M. Bilger(ed.), Presses universitaire de Perpignan, p.11-58 ; 말리외(D. Malrieu) & 라스티에(F. Rastier), 2001, '장르와 형태 통사적 다양성(Genres et variations morphosyntaxiques)', *TAL*, vol. 42, n°2, p.547-577.

결론

10년이 채 되기 전에, 프랑스어는 많은 언어자원을 갖게 되었다. 그 중 상당수는 무료이고, 구어 자료와 다면 자료가 더 큰 자리를 차지하게 되었으며, (아마도 의미적 층위를 제외한) 모든 언어 분석 층위가 주석과 개발의 대상이 되었다. 앞선 글에서 이러한 많은 경우들을 살펴보았지만, 이것이 전부는 아니다. 왜냐하면, 숨겨 놓은 것은 아닐지라도 지나치게 비밀스러운 상태로 존재하는 것들을 볼 수 있게 하기 위하여, [→오락(OLAC)]이 제시한 것과 동일한 유형의 문서화 방식과 언어자원 접근 방식을 활용하여 해야 할 일들이 많이 남아있기 때문이다.

이미 살펴본 바와 같이, 이 언어자원들은 사용하기가 쉽지도 않고, 금방 사용할 수 있는 것이 아닐 수도 있다. 현재로서는 사용 가능한 언어 도구 상자들을 향해 나아가게 하는 규범들(문자, 구조화된 문서 등)의 몫을 넓혀가고 있는 단계이다. 그러나 이 규범들을 이전 단계에서 사용된 형식과 제약들과 조화를 이루게 하는 것이 필요하다. 언어자원의 경우, 이 책이 보여준 것처럼, 여러 언어를 알고 있어야 한다. 베로니스(J. Véronis)의 말처럼, '소프트웨어들이 무료이기 때문에 모든 사람들이 이것을 사용할 수 있다 하더라도, 현재 우리는, 자동차를 타고 여행하기 위하여 기계에 대한 상당한 지식을 갖고 있어야 하고 기계의 기름 때를 손에 묻히는 것을 두려워하지 않아야 했던, 자동차를 처음 사용하던 시절과 같은 상황에 있기' 때문이다.39)

1장과 2장, 그리고 7장과 8장은 새로운 작업 도구들을 사용하기 위한 기술적인 토양을 제공한다. 여기에서는 소프트웨어와 데이터를 최적화하기 위하여, 사용 조건과 주의할 점에 대한 지식과 경험을 공유하는 것이 중요하다는 것을 강조하였다.40) 관찰 가능한 자료를 구축하고 이들을 기술하기 위하여 새로운 언어자원들을 최대한 많이 동원한다는 것은 이러한 기술적 토양과 경험의 공유를 공고하게 하고 증가시키는 것을 포함한다. 이것이 [바이버 외(Biber et al.), 1999]가 보여준, 말뭉치에 기반하면서 여러 사용역들을 포함한 영국 영어와 미국 영어에 대한 문법의 정신을 계승하는 동시에, 새로운 환경에 의해 심화된 정보를 갖게 된 프랑스어에 대한 기술들(문법, 어휘 등)의 사용 조건이다. 시 예문 '골짜기에 잠들어 있는 사람'은 이 책 전체를 연결해 주는 길잡이 역할을 하였다.

이 시 예문은 사용 가능한 언어처리 소프트웨어들이 만들어낸 결과들을 구체적으로, 잘못된 분석과 이상한 분석을 하나도 숨기지 않고 보여주었다. '시는 언어에 대한 사랑'이기에, 시 예문에 대한 분석을 통해, 언어학을 도구화하는 것이 분석의 층위를 증가시키는 다양한 해석이나(게다가 마지막 시행은 수정과 재해석을 강제한다) 텍스트를 읽는 즐거움과 양립할 수 없다는 것도 볼 수 있었다.

우리는 중세 시대에 큰 반향을 일으켰던 베르나르 드 샤르트르(Bernard de Chartres)의 유명한 문장, '우리는 거인의 어깨 위에 앉아 있는 난쟁이들이다. 그래서 우리는 거인들보다 더 많이, 더 멀리 볼 수 있다. 이것은 우리의 시각이 더 날카롭거나 우리의 키가 더 크기 때문이 아니다. 이것

---

39) 베로니스(J.Véronis), 2004, '구어 말뭉치의 자동 처리(Le traitement automatique des corpus oraux)', *TAL*, vol. 45, n° 2, p.7-14.

40) 이와 함께 *RFLA*(언어학과 컴퓨터공학 : 새로운 도전, Linguistique et informatique : nouveaux défis)의 9권 1호를 보라.

은 거인들이 우리를 번쩍 들어서 거인의 키 만큼 높은 곳에 우리를 올려
주었기 때문이다'41)라는 것을 알고 있다.

활기차고 아름다운 오늘은 더욱 보잘 것 없으면서 동시에 더욱 과감하
다. 현재 프랑스어에 대해 사용 가능한 도구와 언어자원들에서 거인들의
자취를 본다.

그러나 이 새로운 도구들은 우리가 더 많이, 다르게, 새롭게 볼 수 있
게 한다. 더 나아가, 이 도구들을 직접 사용해 보고 더 잘 알게 된다면,
우리는 이들을 풍부하게 하고 개선시키는 데, 다시 말해서 새로운 도구와
언어자원을 발명하는 데 기여하게 될 것이다.

---

41) 르 고프(J. Le Goff), 1985, 『중세의 지식인들(Les intellectuels au Moyen Age)』,
Paris, Le Seuil, p.17.

어휘사전

대부분의 정의는 본문에 직접 제시되었고, 찾아보기 표제어를 통해서
도 확인할 수 있다.

정렬(alignement)
ⅰ) (일반적 정의) 여러 주석들을 규칙에 따라 대응시켜 놓는 것
ⅱ) (다국어 정렬) 상호 번역 관계에 있는 텍스트들을 (텍스트의 단락이나, 문장, 절,
　　　　　　단어 단위로) 정밀하게 대응시켜 놓는 것

중의성(ambiguïté)
자동언어처리 분야에서 중의성이란 용어는 동일한 소프트웨어가 주어진 데이터를 여
러 가지 방식으로 분석하는 것을 가리킨다. 이러한 중의성은 보통 인위적인 것으로,
사용된 소프트웨어에 따라 달라지며, 여러 가설 가운데 선택해야 하는 화자의 감정의
영향은 거의 받지 않는다.

주석(annotation)
주석은 소리, 문자, 몸짓에 새로운 정보(고정된 해석)를 추가하는 것이다. 주석은 다음
중 두 가지 또는 세 가지를 포함한다.
ⅰ) 데이터들의 경계를 확정하기 위하여 분절하고(하거나) 포인터를 부여한다.
ⅱ) 범주를 부여하기 위하여 부분 데이터와 포인터를 결합시킨다.
ⅲ) 부분 데이터들끼리 또는 포인터들끼리 관계를 만든다.

말뭉치(corpus)
ⅰ) (일반적 정의) 인간언어로 구성된 데이터베이스 또는 데이터 집합
ⅱ) (전문적 정의) 특정 언어의 한정된 용법을 보여주는 표본으로 사용하기 위하여,
　　　　　　명시적인 언어적/언어외적 기준에 따라 선별되고 구조화시킨 언어
　　　　　　데이터의 집합

정규표현식(Expression régulière)

주어진 문자열의 집합(무한집합이 될 수도 있다)이 공유하는 특징에 따라, 이 문자열
의 집합을 정의하는 것.

전문용어 또는 전문용어 연구(terminologie)

ⅰ) 전문 영역에서 사용되는 특별한 용어들의 집합으로 의미 관계에 의해 구조화되어
    있는 경우도 있다(시소러스)
ⅱ) 전문용어의 발달 원칙을 정의하고 적용하는 학문 분야

관련링크

2005년 현재,
　　　영어에 대한 '참조' 언어자원의 일부가 포함되어 있다.
　　　다음 주소는 관련 링크가 직접 연결되어 있다.
https://archives.limsi.fr/Individu/habert/Publications/InstrumentsEtRessourcesE
lectroniquesPourLeFrancais.html

A - 입문 정보
관련 정보 배포 사이트
Linguist List　http://www.linguistlist.org/
LN과 LN-FR http://www.biomath.jussieu.fr/LN/

언어자원 제공기관
엘라(ELRA, 유럽 언어자원 협회) http://www.elra.info/
LDC(언어 데이터 컨소시엄, Linguistic Data Consortium) http://www.ldc.upenn.edu/

홈페이지
APIL(언어 관련 산업 전문가 협회, Association des professionnels des industries de
　　　　　la langue) http://www.apil.asso.fr/
테크노랑그(Technolangue, 자동언어처리를 위한 정부부처간 프로젝트)
　　　　　http://www.technolangue.net

학술단체
ACH(컴퓨터인문학협회 Association for Computers and the Humanities)
　　　　　http://www.ach.org/
ACL(컴퓨터언어학협회 Association for Computational Linguistics)
　　　　　http://www.aclweb.org/
AFCP(구어소통 프랑코포니협회 Association francophone de communication parlée)
　　　　　http://www.afcp-parole.org/

ALLC(디지털인문학협회 Association for Literary and Linguistic Computing)
    http://www.allc.org/
ATALA(프랑스 컴퓨터언어학협회 Association pour le traitement automatique des langues)
    http://www.atala.org/
썰(SIL, 언어학 여름학교 Summer Institute of Linguistics) http://www.sil.org

학술지

Corpus(말뭉치) http://revel.unice.fr/corpus/
Recherches sur le français parlé(구어 프랑스어 연구)
    http://www.up.univ-mrs.fr/delic/rsfp/
Computational Linguistics(컴퓨터 언어학지)
    http://mitpress.mit.edu/catalog/item/default.asp?ttype=4&tid=10
RFLA(프랑스 응용언어학지, Revue Française de Linguistique Appliquée)
    http://perso.wanadoo.fr/rfla/
International Journal of Corpus Linguistics(말뭉치언어학 국제학술지)
    http://solaris3.ids-mannheim.de/~ijcl
TAL(자동언어처리) http://www.atala.org/
Texto ! Textes et culture(문자텍스트, 텍스트와 문화)
    http://www.revue-texto.net/index.html

B – 본문 관련 자료
Ch. I et II – 주석 도구와 주석 자료, 주석 선택의 문제
코르디알(Cordial) http://www.synapse-fr.com/
플램(Flemm, analyse flexionnelle)
    http://www.univ-nancy2.fr/pers/namer/Telecharger_Flemm.html
주석 그래프(Graphes d'annotation) http://agtk.sourceforge.net/
도구와 표현 형식(Outils et formats) http://www.ldc.upenn.edu/annotation/
생텍스(Syntex) http://www.univ-tlse2.fr/erss/membres/bourigault
트리태거(TreeTagger) http://www.ims.uni-stuttgart.de/projekte/corplex/TreeTagger/
    DecisionTreeTagger.html

Ch. III – 텍스트
"역사적인" 말뭉치
브라운 말뭉치(Brown) http://helmer.aksis.uib.no/icame/brown/bcm.html
영국 왕실 말뭉치(BNC, British National Corpus) http://www.natcorp.ox.ac.uk/

영어 국제 말뭉치(ICE, International Corpus of English)
         http://www.ucl.ac.uk/english-usage/ice/
펜실베니아대학교 트리뱅크(Pen Treebank)
         http://www.cis.upenn.edu/~treebank/home.html
수잔 말뭉치(Susanne) http://www.grsampson.net/Resources.html

프랑스어 텍스트 베이스
ARTFL(미-프 프랑스어 언어자원 연구소, American and French Research on the
         Treasury of the French Language)
         http://humanities.uchicago.edu/orgs/ARTFL/
ColiSciences(과학 저술 말뭉치) http://www.colisciences.net/
프랑텍스트(Frantext) http://atilf.atilf.fr/frantext.htm
갈리카(Gallica) http://gallica.bnf.fr/

문장 주석
아나나 프로젝트(Ananas, 말뭉치의 의미 분석을 위한 지시 관계 주석)
         http://www.atilf.fr/ananas/
파리7대학 수형도 말뭉치(Corpus arboré de Paris 7)
         http://www.llf.cnrs.fr/fr/Abeille/French_Treebank.pdf

텍스트 주석
텍스트 요약
  http://www.isi.edu/~cyl/summarist/summarist.html,
  http://www.pertinence.net/index.html
주제 분석 TextTiling, http://www.sims.berkeley.edu/~hearst/tiling-about.html
LCseg http://www1.cs.columbia.edu/~galley/ (section Tools)
수사구조이론(RST, Rhetorical Structure Theory)
         http://www.sfu.ca/rst/06tools/index.html RST 도구(RST-Tool)
         http://www.wagsoft.com/RSTTool/
펜실베니아대학교 담화 트리뱅크(Penn Discourse Treebank), 담화 관계와 접속사
         http://www.cis.upenn.edu/~pdtb/

Ch. IV - 구어
언어자원
BDLEX (발음 사전) http://www.irit.fr/ACTIVITES/EQ_IHMPT/ress_ling.v1/rbdlex_en.php

구어 프랑스어 참조 말뭉치(Corpus de référence du français parlé)
　　　　http://www.up.univ-mrs.fr/veronis/pdf/2004-presentation-crfp.pdf

도구
IPA(International Phonetic Association)
　　　　http://www2.arts.gla.ac.uk/IPA/ipa.html
프랏(PRAAT) http://www.praat.org
트랜스크라이버(Transcriber) http://sourceforge.net/projects/trans/
윈피치(WinPitch) http://www.winpitch.com/
윈스누리(WinSnoori) http://www.loria.fr/~laprie/WinSnoori/PresentSnoori/WinSno.htm

Ch. V – 단어
사전의 혁신
의미 아틀라스(Atlas sémantiques) http://dico.isc.cnrs.fr/
코빌드(Cobuild)와 온라인 용례 검색기 http://www.collins.co.uk/Corpus/CorpusSearch.aspx
퀘벡 어휘 말뭉치(Corpus lexicaux québecois) http://www.spl.gouv.qc.ca/corpus/index.html
동의어 사전(CRISCO) http://www.crisco.unicaen.fr/dicosyn.html
TLFI(Trésor de la langue française informatisé) http://atilf.atilf.fr/tlf.htm

상용어 사전
셀렉스(CELEX) http://www.ru.nl/celex/
인텍스(Intex) http://www.nyu.edu/pages/linguistics/intex/
누즈(Nooj) http://www.nooj4nlp.net
LEFF (프랑스어 굴절형 사전, Lexique des formes fléchies du français)
　　　　http://82.230.173.87/~lefff/
렉시크(Lexique) http://www.lexique.org/
모르팔루(Morphalou) http://actarus.atilf.fr/morphalou/
모르탈(MORTAL, 자연언어처리를 위한 형태론)
　　　　http://www.limsi.fr/Individu/jacquemi/MORTAL/
유니텍스(Unitex) http://www-igm.univ-mlv.fr/~unitex/
워드넷(WordNet) http://wordnet.princeton.edu/

전문용어
DAFA(상업 프랑스 학습 사전, Dictionnaire d'Apprentissage du Français des Affaires)
　　　　http://www.projetdafa.net/

GDT(전문용어 대사전, Grand Dictionnaire Terminologique)
　　　http://www.olf.gouv.qc.ca/ressources/gdt.html
UMLS(Unified Medical Language System) http://www.nlm.nih.gov/research/umls/

문맥 안에 위치한 단어들
아노테아(Annotea) http://annotest.w3.org/
ATLAS-TI http://www.atlasti.com
ATO http://www.ling.uqam.ca/sato/index.html
모노콩크(MonoConc) http://www.athel.com/mono.html
렉시코(Lexico) http://www.cavi.univ-paris3.fr/ilpga/ilpga/tal/lexicoWWW/demoLex3
　　　　　/SetupL3Eval345.zip
TEMIS http://www.temis-group.com/

Ch. VI – 프랑스어의 주변
몸짓과 이미지
앤빌(Anvil) http://www.dfki.de/~kipp/anvil/
엘란(ELAN) http://www.mpi.nl/tools/elan.html
필트레이스(Feeltrace, 감정 주석) http://www.dfki.de/~schroed/feeltrace/
휴메인(HUMAINE, 인간-컴퓨터 상호작용 중 감정의 역할 네트워크)
　　　　　http://www.emotion-research.net

프랑스어와 역사
LFA(고대 프랑스어 연구소, Laboratoire de Français Ancien)
　　　　　http://www.uottawa.ca/academic/arts/lfa/
수레 프로젝트(Projet Charrette) http://www.princeton.edu/~lancelot/
고대 프랑스어 처리를 위한 트리태거(TreeTaggerAF pour l'ancien français)
　　　　　http://www.uni-stuttgart.de/lingrom/stein/forschung/resource.html

프랑스의 프랑스어와 다른 지역의 프랑스어
PFC(현대 프랑스어 음운론) http://www.projet-pfc.net/
발리벨(벨기에 프랑스어의 언어적 다양성, VAriétés LInguistiques du français en
　　　BELgique) http://valibel.fltr.ucl.ac.be/

프랑스어와 다른 언어들
크레이터(CRATER, 영어, 프랑스어, 스페인어 - 원거리소통)

http://www.comp.lancs.ac.uk/linguistics/crater/corpus.html
이중어 사전 http://stardict.sourceforge.net/
언어 정렬과 관련된 링크(O. Kraif) http://www.u-grenoble3.fr/kraif/liens.htm

Ch. VII - 언어처리 소프트웨어와 언어자원 사용하기
전처리, 후처리, 연동
표현 형식 변화 http://weblex.ens-lsh.fr/projects/xitools/tools/tools.php
스노우볼(스태밍 프로그램) http://snowball.tartarus.org/

오피스용 소프트웨어의 '도구상자'와 스크립트 언어
MySQL http://www.mysql.com/
Perl http://www.perl.com/
PHP http://www.php.net/
Python http://www.python.org/

문자의 문제
씰(SIL, 언어학 여름학교)의 API 교육
http://scripts.sil.org/cms/scripts/page.php?site_id=nrsi&id=encore-ipa
API, 유니코드 그리고 HTML http://www.phon.ucl.ac.uk/home/wells/ipa-unicode.htm
샘파(SAMPA) http://www.phon.ucl.ac.uk/home/sampa/home.htm
음운론을 위한 샘프로사(SAMPROSA)
http://www.phon.ucl.ac.uk/home/sampa/samprosa.htm
유니코드(UNICODE) http://www.unicode.org/

공유와 변환을 위한 표준화
TEI(Text Encoding Initiative) http://www.tei-c.org/ Point d'entrée de la version
courante http://www.tei-c.org/P4X/poésie
http://www.tei-c.org/P4X/VE.html transcription de l'oral
http://www.tei-c.org/P4X/TS.html
XCES http://www.xml-ces.org/
W3C의 XML http://www.w3.org/XML/
TEI 환경에서의 XML http://www.tei-c.org/P4X/SG.html
XMLcooktop(Editeur XML simple pour Windows) http://www.xmlcooktop.com/
XMLStarlet(Outil XML générique) http://xmlstar.sourceforge.net/

Ch. VIII - 컴퓨터 도구를 활용한 언어학 방법론
자료 축적을 위한 표준화

프랑스어 평가 조사 :

통사 분석 EASY (2002-) http://www.technolangue.net/article64.html ;
다국어 정렬 ARCADE (1996-1999)

·   http://aune.lpl.univ-aix.fr:16080/projects/arcade/index-en.html ;
의미 중의성 해소 ROMANSEVAL (1998)

http://aune.lpl.univ-aix.fr:16080/projects/romanseval/ ;
사실 자료에 관한 질의 응답 시스템 EQUER (2002-)

http://www.technolangue.net/article61.html ; 라디오 방송 전사 ESTER
(2002-)

http://www.technolangue.net/article60.html
의미 중의성 해소를 위한 평가 조사 SENSEVAL http://www.senseval.org/

메타데이터

더블린 코어(Dublin Core) http://dublincore.org/
더블린 코어의 프랑스어 번역본
 http://www-rocq.inria.fr/%7Evercoust/METADATA/DC-fr.1.1.html
 http://www.bibl.ulaval.ca/DublinCore/usageguide-20000716fr.htm
오락(OLAC, Open Language Archives Community)

http://www.language-archives.org/
RDF(Resource Description Framework) http://www.w3.org/RDF/
시멘틱 웹(Semantic Web) http://www.w3.org/2001/sw/
TEI-Header http://www.tei-c.org/P4X/HD.html

http://www.tei-c.org/P4X/SH.html
W3C(World Wide Web Consortium) http://www.w3.org/

표준화 규범

ISO(International Organization for Standardization) http://www.iso.org
ISO 696(Norme pour les noms de langues)

http://www.w3.org/WAI/ER/IG/ert/iso639.htm
ISO 8601(Norme pour les dates) http://www.w3.org/QA/Tips/iso-date
LACITO http://lacito.vjf.cnrs.fr/archivage/
민속학 언어 여름학교(세계의 언어) http://www.ethnologue.com/

C – 시 '골짜기에 잠들어 있는 사람(Le Dormeur du Val)'과 랭보

랭보 시선[Rimbaud Oeuvres, édition de Suzanne Bernard et André Guyaux, Classiques Garnier, 1991]에 따른 시 전집(복사본)
http://www.mag4.net/Rimbaud/poesies/Poesies.html
(http://www.mag4.net/Rimbaud/poesies/Sensation.html

다른 HTML 버전의 시 전집

http://hypermedia.univ-paris8.fr/bibliotheque/Rimbaud/Rimbaud_poesies.html
[판본을 알 수 없음]
http://www.anthologie.free.fr/anthologie/rimbaud/poesie01.htm
[참고문헌 없음]

엄밀한 의미의 '골짜기에 잠들어 있는 사람' 시 본문

http://poesie.webnet.fr/poemes/France/rimbaud/3.html
http://www.poetes.com/rimbaud/dormeur.htm
http://www.chez.com/bacfrancais/dormeur.html

시 '골짜기에 잠들어 있는 사람'에 대한 해제

http://palf.free.fr/esaintot/exercices/sonnet.htm
http://membres.lycos.fr/fcollard/dormeur.html

번역

http://www.eyedia.com/rimbaud/anglais/sleepingman_an.html
http://rimbaud.kuniomonji.com/anglais/sleepingman_an.html
http://www.joshuamehigan.net/dormeur.html
http://www.brindin.com/pfrimdo3.htm(lien sur 3 autres traductions)

참고문헌 소개

　정확한 문헌 정보는 각주에 제시했다. 문헌 정보에는 다음 학술지들이 포함되어 있다 : 에르메스 라부아지에(Hermès-Lavoisier)에서 출간되는 [→TAL] (자동언어처리, *Traitement Automatique des Langues*)과, 과학출판사 (*Publications scientifiques*)에서 출간되는 [→RFLA] (프랑스 응용언어학지, *Revue Française de Linguistique Appliquée*), 그리고 프랑스어권 자연언어처리 학술대회인 [→TALN] (자연언어 자동처리, *Traitement Automatique des Langues Naturelles*). 이 책이 다룬 주제들을 심화시킬 수 있도록 주제별 참고문헌을 제공한다.

도구와 유틸리티
[Desgraupes, 2001] [Hainaut, 2002]

구조화된 문서
[Ray, 2001]

언어자원과 언어처리 소프트웨어
[Fellbaum, 1998] [Equipe DELIC, 2004]

말뭉치 언어학 소개
[Biber et al., 1998] [Habert et al., 1997] [Kennedy, 1998]

'도구를 가진' 언어학 연구
[Beaudouin, 2002] [Biber et al., 1999] [Jacquemin, 2001]

자동언어처리, 양적 접근, 정보 검색과 추출

[Lebart et Salem, 1994] [Manning & Schütze, 1999] [Mitkov, 2003] [Pierrel, 2000]

랭보 작품집

A. Rimbaud *Oeuvres I* Cahier de Douai, Un coeur sous une soutane, Poésies (fin 1870-1871), Poèmes de l'*Album Zutique*, les Stupra, Correspondance, Préface, notices et notes par Jean-Luc Steinmetz, GF-Flammarion, Paris, 1989.

A. Rimbaud Poésies. *Une saison en enfer Illuminations*, Préface de René Char, Edition établie et annotée par Louis Forestier, Gallimard, Paris, 1999.

A. Rimbaud *Oeuvres complètes*, Champion Electronique, Champion, 1998, Avec cédérom PC & Mac.

Rimbaud L'Oeuvre intégrale manuscrite, édition établie et commentée par Claude Jeancolas, Textuel, Paris, 1996, vol. 3.

참고문헌

[Beaudouin, 2002] Beaudouin, V. (2002). Mètre et rythmes du vers classique: Corneille et Racine. Lwrrewa numériques. Honoré Champion, Paris.

[Biber et al., 1998] Biber, D., Conrad, S., & Reppen, R. (1998). *Corpus linguistics: Investigating language structure and use*. Cambridge Approaches to Linguistics. Cambridge University Press, Cambridge.

[Biber et al., 1999] Biber, D., Johansson, S., Leech, G., Conrad, S., Finegan, E., & Quirk, R. (1999). *Longman grammar of spoken and written English*. Longman, Harlow, Essex.

[Desgraupes, 2001] Desgraupes, B. (2001). *Introduction aux expressions régulières*. Informatique. Vuibert, Paris.

[Equipe DELIC, 2004] Equipe DELIC, ed. *Autour du Corpus de référence du français parlé*. Number 18 in Recherches sur le français parlé. Presses de l'université de Provence, Aix-en-Provence.

[Felbaum 1998] Felbaum, C. (1998). *Wordnet : an Electronic Lexical Database*. Language, Speech and Communication. The MIT Press, Cambridge, Massachusetts.

[Habert et al., 1997] Habert, B., Nazarenko, A., & Salem, A. (1997). *Les linguistiques de corpus*. U Linguistique. Armand Colin/Masson, Paris.

[Hainaut, 2002] Hainaut, J.-L. (2002). *Bases de données et modèles de calcul. Outils et méthodes pour l'utilisateur*. Sciences Sup. Dunod, Paris, 3èmeédition.

[Jacquemin, 2001] Jacquemin, C. (2001). *Spotting and discovering terms through natural language processing*. The MIT Press, Cambridge, Massachusetts.

[Kennedy, 1998] Kennedy, G. (1998). An introduction to corpus linguistics. Studies in lnaguage and linguistics. Longman, London.

[Lebart et Salem, 1994] Lebart, L. & Salem, A. (1994). *Statistique textuelle*.

Dunod, Paris.

[Manning & Schütze, 1999] Manning, C. D. & Schütze, H. (1999). *Foundations of statistical natural language processing*. MIT press, Cambridge Massachusetts.

[Mitkov, 2003] Mitkov,R., ed. (2003). *The Oxford Handbook of Computational Linguistics*. Oxford University Press, Oxford.

[Pierrel, 2000] Pierrel, J.-M., ed. *Ingénierie des langues*. Informatique et systèmes d'information. Hermès Science, Paris.

[Ray, 2001] Ray, E. T. (2001). Introduction à XML. O'Reilly, Paris. Traduction d'Alain Ketterlin.

찾아보기

[ㄱ]
갈리카 151
개체명 인식 기술 148
관계형 데이터베이스 14, 160
구어 프랑스어 참조 말뭉치 18, 76, 133
구조화된 문서 134
규범 51
균형 말뭉치 22
그라스 28

[ㄷ]
다국어 정렬 112
더블린 코어 154
데리프 32, 46, 51, 53
동의어 사전 88, 103

[ㄹ]
렉시코 99

[ㅁ]
모르팔루 20, 96
무료 소프트웨어 18
문장 정렬 112

[ㅂ]
부분 문법 140

브라운 말뭉치 22, 67, 161
브릴 32

[ㅅ]
상호 정보량 101
샘파 81, 133
생텍스 33, 46, 51, 53, 128
셀렉스 94
수잔 말뭉치 67
스노우볼 27
스마일 기호 132
스크립트 언어 141
스프레드시트 14, 50, 127
실험적 장치 15, 68, 101, 114
씰 131, 157

[ㅇ]
아나나 프로젝트 68
아틸프 94
알세스트 71
앤빌 107
어휘 정렬 112
어휘 통계학 99
엑세스 50
엑셀 50, 127
엘라 17, 62, 78, 102, 156, 161
엘란 107

오락 112, 155, 165
유니텍스 20, 28, 111, 140
유효 범위 65
의미 아틀라스 88, 103
이모티콘 55, 132
인위적 중의성 32
인텍스 28

[ㅈ]
자동 요약 70
자동 통사 분석기 15, 64
재현율 124
정밀도 125
정숙성 125
주석 그래프 47
주제 분절 59, 70
주제 분절 59
중의성 해소 104, 148
질의 언어 60

[ㅋ]
코르디알 18, 29, 82, 92, 123, 137,
    140, 160
퀘벡 어휘 말뭉치 61

[ㅌ]
테크노랑그 148
통사론 75
트랜스크라이버 35, 48, 78, 79

[ㅍ]
파리7대학 수형도 말뭉치 66
파서 15, 64

파이썬 123
펄 118, 123
펜실베니아대학교 담화 트리뱅크 71
프랏 21, 80, 112
프랑스 언어총국 156
프랑텍스트 18, 60, 87, 94, 109,
    125
프로토타입 15
프리다 62
플램 32, 46, 51, 53
필트레이스 108

[ㅎ]
휴메인 108

[A]
Access 50
ACH 37
ACL 37
Alceste 71
ALLC 37
ambiguïté artefactuelle 32
Annotation Graphs 47
ANVIL 107
API 131
ARTFL 60, 109
ATILF 94
Atlas sémantique 103

[B]
balanced corpus 22
BDLex 78
BFM 109
BNC 22, 161
Brill 32
Brown 22, 67, 161

[C]
CELEX 94
COLISciences 61
Cordial 18, 29, 82, 92, 123, 137,
    140, 160
Corpus arboré de Paris 7 65
Corpus de référence du français
    parlé 18, 76
Corpus lexicaux québécois 61

[D]
DAFLES 90

Derif 32, 46, 51, 53
DGLFLF 156
Dictionnaire des synonymes 88, 103
dispositive expérimental 15
DMF 109
DTM 71
Dublin Core 154

[E]
EASY 65, 148
ELAN 107
ELRA 62, 78, 102, 156, 161
Excel 50, 127

[F]
Feeltrace 108
Flemm 32, 46, 51, 53
Frantext 18, 60, 87, 94, 109, 125
FRIDA 62

[G]
Gallica 151
grammaire locale 140

[H]
HUMAINE 108

[I]
Intex 28
ISO 96
ISO 639 155
ISO 860 155
ISO TC37/SC4 96
ISO-LATIN-1 131

[L]
LDC   17, 156
Lexico   99
LFA   109
Linguist List   156

[M]
Morphalou   20, 96

[N]
NER, Named Entity Recognition
    148
norme   51

[O]
OLAC   112, 155, 165

[P]
parseur   15
Penn Discourse Treebank   71
Perl   118, 123
PFC   79, 111, 133
PHP   123
Praat   21, 80, 112
prototype   15
Python   123

[R]
RDF   158

[S]
SAMPA   81, 133
SATO   69

segmentation thématique   59
SIL   131, 157
Snowball   27
Susanne   67
Syntex   33, 46, 51, 53, 128

[T]
tableur   127
Technolangue   148
TEI   37, 46, 134, 136, 151, 153
Tei-Header   151
Temis   69
TLFI   16, 60, 87, 104
Transcriber   35, 48, 79

[U]
Unitex   20, 28, 111, 140

[W]
W3C   158

[X]
XML   37

저자 브누아 아베르(Benoît Habert)

리옹 고등사범학교(Ecole normale supérieure de Lyon) 컴퓨터언어학과 교수. 파리 10대학 교수 역임. 의미론, 자연언어처리, 컴퓨터 도구와 언어자원의 언어학적 활용 등을 강의함. 국립컴퓨터공학연구소인 림시(LIMSI, Laboratoire d'informatique pour la mécanique et les sciences de l'ingénieur)의 '언어, 정보, 표현' 연구팀(LIR, Langues, Information, Représentations)에서 말뭉치에 기반한 어휘 의미 자동 학습과, 이질적 언어자원을 활용한 말뭉치 구축 및 사용(텍스트 정보 표현 방식, 보안, 다면 주석, 메타데이터)을 연구함.

역자 손현정

연세대 강사, 프랑스 EHESS CRLAO 객원연구원
연세대 불어불문학과 학사, 파리 7대학 컴퓨터언어학과 licence(학사)
EHESS 언어학 박사
저서 '담화의 언어정보학적 탐구'(2014)
번역서 '구어 말뭉치 실용 안내서'(2012)
논문 '프랑스어 디지털 언어자원의 현황과 활용-구어/문어 말뭉치를 중심으로'(2016), '접속사 puis와 donc의 다면적 연구-구어담화를 중심으로'(2015), 'Twitter coréen : un langage d'un genre nouveau'(2013) 등

프랑스어를 위한 컴퓨터 도구와 언어자원
Instruments et Ressources Electroniques pour le franncais

초판 인쇄 2017년 3월 24일
초판 발행 2017년 3월 30일
저 자 브누아 아베르(Benoît Habert)
역 자 손현정
펴낸이 이대현
편 집 박윤정
디자인 홍성권
펴낸곳 도서출판 역락
  서울 서초구 반포4동 577-25 문창빌딩 2층
  전화 02-3409-2058(영업부), 2060(편집부)
  팩시밀리 02-3409-2059
  이메일 youkrack@hanmail.net
  등록 1999년 4월 19일 제303-2002-000014호

ISBN 979-11-5686-903-0 93760

* 책값은 표지에 있습니다.
* 파본은 구입처에서 교환해 드립니다.

* 이 도서의 국립중앙도서관 출판예정도서목록(CIP)은 서지정보유통지원시스템 홈페이지(http://seoji.nl.go.kr)와 국가자료공동목록시스템(http://www.nl.go.kr/kolisnet)에서 이용하실 수 있습니다.(CIP제어번호: CIP2017006814)